신 나게 배우는 어린이 중국어

콰이러쉬에 한위 ⑥

문화체험편

권상기 김명섭 김예란 이현숙
왕지에(王洁) 저우자쑤(邹佳素) 공저

JPLUS
Language Publishing Co.

저자의 말

중국어는 여러분 삶의 평생 역량이 됩니다.

"好久不见, 再见到你们很高兴" 어느 아이돌 그룹의 중국어 인사말입니다. 칼군무로 유명한 어느 아이돌 그룹의 '슈퍼콘서트'가 끝나고 중국 현지 팬을 위한 소감을 중국어로 전하여 뜨거운 환호를 받았다고 합니다. 한류 열풍을 타고 아이돌의 무대가 중국으로 진출하면서 이젠 중국어로 자기소개는 물론 간단한 인터뷰도 소화할 정도로 중국어 실력이 필요하게 되었다고 합니다. 이렇게 언제부터인가 중국 그리고 중국어는 우리 생활에 자연스럽게 스며들었고, 심지어 중국어가 영어와 함께 공용어가 될 날도 멀지 않았다는 전망까지 나옵니다. 어떤 이는 '차이나 쇼크가 아니라 차이나 찬스로 만들기 위한 가장 기본은 바로 중국어를 배우는 것'이라고 했습니다. 한마디로 이제 중국어가 세계인이 꼭 배워야 할 외국어로, 영어보다 더 강력한 힘을 지닌 제2외국어로 자리 잡게 된 것입니다.

어릴 때 재미있게 말하며 배워둔 중국어는 자신의 삶에 도움이 되는 자산을 축적해 놓는 것과 같습니다. 이런 생각을 가지고 중국의 한국학교에서 재직했던 교사와, 현장에서 중국어를 가르치고 있는 교사들이 모여 〈콰이러쉬에한위 4·5·6〉을 만들었습니다. 이 책이 우리 아이들이 중국에 관심을 갖고 중국어에 한발 다가가는 데 큰 힘이 되고, 글로벌 시대에 세계시민으로 성장하는 노둣돌이 되길 기대합니다.

끝으로 출판을 위해 세심한 배려를 아끼지 않은 제이플러스 이기선 실장과 편집부 가족들에게도 감사의 인사를 전합니다.

저자 일동

中文将成为各位一生生活的能力

"好久不见。再见到你们很高兴。"某个偶像组合用中文打招呼。以群舞出名的某个偶像组合在一次"超级演唱会"结束后，为中国当地的粉丝，用中文发表了感言，受到了热烈的欢迎。随着韩流热潮，许多偶像组合进入了中国舞台，用中文来做自我介绍和接受简单的采访也成为了需要。就这样在不知不觉中，中国和中文也就自然而然地渗入到了我们的生活。甚至汉语和英语一起共用的日子也不会太远了。有的人说："不是受到中国的冲击，而是创造中国的机会，其中最基本的就是掌握中文"。

总而言之，当下中文将是全世界人一定要学习的外语，成为具有比英语更强大吸引力的第二外语。从小培养对中文会话的学习兴趣，就像为自己的人生积累财富一样。怀着如此期待，在中国的韩国学校在职教师和正在从事教学工作的教师们聚集到一起，编写了这套《快乐学汉语4·5·6》。这套教材期待着我们的孩子们由此对中国产生兴趣，使之成为迈向中国强有力的一步，并在全球化时代的今天，不难预测中文将成为一种竞争力的基础。

最后，对于这次出版不遗余力给予大力支持的JPLUS的李起善室长和编辑部同仁表示衷心地感谢。

이 책의 구성

MP3 음원
휴대폰으로 바로 들을 수 있어요.

▶ 본문 대화

본문 대화는 학생들의 중국 현지 일상 생활을 중심으로 여섯 문장으로 구성하였습니다. 매과 재미있는 에피소드를 통하여 자연스러운 생활 중국어를 익힐 수 있습니다.

듣기문제와 치환연습을 통하여 듣기와 말하기 능력을 골고루 향상시킬 수 있도록 하였으며, 보충 어휘를 통하여 어휘력과 회화력 향상을 꾀할 수 있습니다.

▲ 听一听 듣기
듣고 알맞은 한어병음과 단어 고르기, 듣고 알맞은 내용 고르기의 두 부분으로 이루어져 난이도가 다른 듣기를 차례대로 연습하며 자신이 잘하는 부분과 부족한 부분이 무엇인지 스스로 알 수 있습니다.

▲ 说一说 말하기
네 문장을 간단한 문답 형식으로 구성하여, 주요 단어를 바꾸어 말하며 어휘력과 회화실력을 키울 수 있도록 하였습니다.

▶ 记一记 어법과 놀이활동

꼭 기억해야 할 문법 내용을 문답 형식의 문장으로 만들어 반복 연습할 수 있도록 꾸몄습니다. 각 과에서 중요한 문법 표현이나 단어를 놀이를 통해 이해하도록 하여 친구들과 함께 쉽게 복습할 수 있도록 하였습니다.

문장 읽기 연습을 통하여 간체자 읽기에 자신감을 키울 수 있습니다. 중국의 생활이야기와 한자이야기를 통하여 중국어에 대한 흥미와 이해를 높일 수 있습니다.

▲ 读一读 독해

본문의 대화체 문장을 서술체로 바꾸어 읽기와 내용 이해를 연습할 수 있습니다. 병음 없이 간체자를 보고 읽을 수 있도록 구성하였습니다.

▲ 文化 문화

생활 주위에서 접하기 쉬운 중국 관련 내용을 사진과 함께 실어 현재의 중국을 이해하는 데 도움을 주도록 하였습니다.

▲▲ 재미있는 한자 이야기

한자의 어원을 설명하고, 그 한자가 들어가는 주요 단어를 자연스럽게 익힐 수 있도록 하였습니다.

이 책의 특징

* 2015 개정 교육과정에 맞추어 학생활동 중심으로 만든 교재입니다.

각 과마다 성취 기준을 제시하고, 그에 따라 일관성 있는 내용을 구성하였습니다. 교사의 강의 중심에서 벗어나 학습자들의 역할 놀이, 게임, 만들기 등 매 차시 다양한 활동으로 학생들이 지루하지 않고 호기심을 가지고 중국어를 배울 수 있습니다.

* 중국을 체험하듯이 생동감 있게 중국어를 익힐 수 있습니다.

〈콰이러쉬에한위 4 · 5 · 6〉은 한국인 샤오한의 중국생활을 중심으로, 중국어와 중국 문화를 동시에 배울 수 있는 회화 · 활동 중심의 말하기 교재입니다. 〈콰이러쉬에한위 4권〉은 중국 학교 적응기, 〈콰이러쉬에한위 5권〉은 중국 생활 체험기, 〈콰이러쉬에한위 6권〉은 중국 문화 맛보기로 시리즈를 구성하여 방과후 학교 교재 또는 홈스쿨링 교재로도 사용할 수 있습니다.

* HSK 3급 수준의 단어를 기준으로 총 34차시를 한 권으로 구성하였습니다.

한 단원에 단어 20개 정도를 활용하여 문장을 만들었으며, 세 권 모두를 배우면 단어 480개를 활용한 문장을 말할 수 있습니다. 1차시에는 본문과 단어, 2차시에는 듣기와 말하기 익히기, 3차시에는 포인트 표현과 재미있는 놀이(게임), 4차시에는 읽기와 문화를 배치하여 풍성하고 다양한 내용으로 꾸몄습니다.

* 현직 교사들이 중국어 수업 경험을 살려 만든 교재입니다.

중국 내 한국학교에서 재직했던 한국인 교사와 중국에서 학생들을 직접 가르치고 있는 중국인 교사들로 저자가 구성되어 검증된 수업 방법의 적용으로 중국어 실력 향상을 이끌어줍니다.

* 워크북(별매)으로 배운 내용을 다지고 학습 효과를 높일 수 있습니다.

워크북은 매 차시마다 채우기, 고르기, 선긋기, 찾기, 퍼즐 맞추기 등 다양한 방법으로 병음 익히기, 단어 뜻 익히기, 문장 해석하기, 한자 쓰기 등을 배울 수 있도록 10문항 이상 구성했습니다. 워크북으로 매 차시에서 배운 내용을 확인하고 학생들에게 피드백을 제공할 수 있어 학습 목표 성취도를 높일 수 있습니다.

주인공 소개

샤오한 小韩

중국 학교에 재학 중인 한국인 남학생으로, 어떤 일이든지 용기 있게 즐겁게 참가하려고노력합니다. 적극적이고 친화력이 좋으며 운동을 잘합니다.

샤오화 小华

샤오한과 같은 반 중국인 여학생으로 차분하면서도 적극적이며 친절합니다. 말솜씨가 뛰어나고 취미가 다양합니다.

샤오밍 小明・샤오동 小冬・샤오리 小丽

샤오한과 샤오화의 학교 친구들입니다. 같이 공부하고 놀기도 하며 샤오한이 중국 학교 생활을 즐겁게 할 수 있도록 도와줍니다.

차례

1 爸爸做的菜

哇，这么多菜！
Wā, zhème duō cài!

都是我爸爸做的。
Dōu shì wǒ bàba zuò de.

你们家爸爸做饭？
Nǐmen jiā bàba zuò fàn?

谁先下班，谁做饭。
Shéi xiān xià bān, shéi zuò fàn.

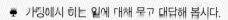

1

你们 多 吃 点儿。
Nǐmen duō chī diǎnr.

真 好吃!
Zhēn hǎochī.

단어

- 这么 zhème 이렇게
- 做饭 zuò fàn 밥을 하다
- 先 xiān 먼저
- 下班 xià bān 퇴근하다
- 好吃 hǎochī 맛이 좋다

爸爸做的菜 **11**

听一听

① 1 잘 듣고 들은 순서대로 번호를 쓰세요.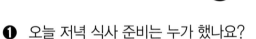

❶

| ☐ zuò fàn | ☐ hǎochī | ☐ xià bān |

❷

| ☐ 这么 | ☐ 谁 | ☐ 先 |

② 2 대화를 잘 듣고 물음에 답하세요.

❶ 오늘 저녁 식사 준비는 누가 했나요?

ⓐ	ⓑ	ⓒ	ⓓ
爸爸 bàba	妈妈 māma	小韩 Xiǎohán	小华 Xiǎohuá

❷ 평소 샤오화 집의 저녁 식사 준비는 누가 하나요?

ⓐ	ⓑ	ⓒ	ⓓ

爸爸做 bàba zuò	妈妈做 māma zuò	先下班的人做 xiān xià bān de rén zuò	在外面吃 zài wàimian chī

＊外面 wàimian 밖

A 你们家谁做家务?
Nǐmen jiā shéi zuò jiāwù?

B 大家都一起做。
Dàjiā dōu yìqǐ zuò.

A 那么爸爸做什么呢?
Nàme bàba zuò shénme ne?

B 他做饭。
Tā zuò fàn.

A: 너희 집은 집안일 누가 해?
B: 모두 같이 해.
A: 그러면 아빠는 뭘 하셔?
B: 아빠는 요리를 하셔.

단어
· 家务 jiāwù 집안일

보충학습 05 여러 가지 집안일을 알아보아요.

打扫
dǎsǎo
청소하다

洗衣服
xǐ yīfu
빨래하다

洗碗
xǐ wǎn
설거지하다

熨衣服
yùn yīfu
다림질하다

叠衣服
dié yīfu
옷을 개다

倒垃圾
dào lājī
쓰레기를 버리다

 06

※ '都是'는 예외 없이 전체 모두를 나타낼 때 쓰는 표현으로, '다 ~이다' '모두 ~이다'라는 뜻을 나타냅니다.

这些都是你的吗？
Zhè xiē dōu shì nǐ de ma?

不是，有些是哥哥的。
Bú shì, yǒu xiē shì gēge de.

到处都是红色的。
Dàochù dōu shì hóngsè de.

中国的春节真特别！
Zhōngguó de chūnjié zhēn tèbié!

请问，你们是哪国人？
Qǐngwèn, nǐmen shì nǎ guó rén?

我们都是中国人。
Wǒmen dōu shì Zhōngguórén.

Ⓐ 这些＿＿＿都是你的吗？
Ⓑ 不是，有些是我的。/
是，都是我的。

횟수	铅笔 qiānbǐ 연필	彩纸 cǎizhǐ 색종이	橡皮 xiàngpí 지우개	剪刀 jiǎndāo 가위	尺子 chǐzi 자	胶水 jiāoshuǐ 풀
1회						
2회						
3회						

먼저, 부록 오리기 '不是'와 '是' 주사위를 만듭니다. 네 명이 한 모둠이 되어 같은 학용품 카드를 한 장씩 책상 위에 올려놓습니다. 순서를 정하여 학생들이 "这些( )都是你的吗？"라고 물으면 한 학생이 주사위를 던져 "是"가 나오면 단어 카드를 모두 가져오고, '不是'가 나오면 한 장만 가져옵니다. 같은 방법으로 자신이 얻은 단어 카드의 개수를 아래 도표에 씁니다.

▶ 준비물 : 오리기 1쪽, 是不是주사위, 단어 카드

读一读

07

＊다음 글의 내용과 일치하면 '是'에, 일치하지 않으면 '不是'에 ◯ 하세요.

아빠가 만든 음식

爸爸做的菜

我去小华家吃饭。小华的爸爸做了很多菜。

小华和她妈妈告诉我，在她家谁先下班谁做饭。

我觉得小华爸爸做的菜真好吃。

1. 샤오화 집에서 음식을 만드신 분은 샤오화 엄마이다.   是 | 不是

2. 샤오화 집에서는 부모님 중에서 먼저 퇴근하는 분이 식사를 준비한다.   是 | 不是

文化

자장면과 짬뽕, 중국에도 있을까요?

여러분은 집에서 어떤 음식을 즐겨 만들어 먹나요? 중국 사람들은 집에서 자장면을 자주 만들어 먹습니다. 하지만 중국 가정에서 먹는 자장면은 우리가 생각하는 것과 다릅니다. 중국의 자장면은 '자장미엔(炸酱面 zhájiàngmiàn)'이라고 하는데 우리나라의 자장면과 달리 소스가 적고 짠맛이 강하답니다. 자장미엔은 면과 야채에 적은 양의 소스를 살짝 비벼 먹는 면 요리입니다. 우리나라의 자장면은 인천 차이나타운에 위치한 공화춘(共和春)에서 화교가 한국인의 입맛에 맞게 처음 만들었다고 전해집니다. 그리고 중국에 짬뽕은 있을까요? 아쉽지만 중국에는 우리나라의 짬뽕은 없답니다. 짬뽕은 일본의 나가사키 지방으로 건너간 화교가 해산물과 야채를 볶은 뒤 국물을 끓이고 면을 넣어 만들었다고 합니다. 바로 지금의 나가사키 짬뽕입니다. 이 나가사키 짬뽕이 한국으로 건너와 한국인의 입맛에 맞게 고춧가루를 더하여 만들어진 것이 짬뽕입니다.

*화교 - 외국에 사는 중국인

재미있는 한자 이야기

'많을 다(多)'는 어떻게 만들어진 글자일까요? '多'는 '夕'이 두 개 겹쳐진 글자입니다. 하지만 '夕'은 저녁을 의미하는 '저녁 석(夕)'이 아니라 '月'이 변형된 글자입니다. 그렇다면 '月'은 어떤 의미일까요? '月'은 '달 월(月)'자로 쓰이기도 하지만 '고기 육(肉)'의 다른 모양이기도 하답니다. '多'는 '肉'자 두 개가 겹친 글자로 고기가 두 덩어리 걸려있는 모양을 나타낸답니다. 고기가 한 덩어리도 아닌 두 덩어리나 있으니 '많다'라는 의미를 나타내는 것입니다. 한자에서는 같은 글자를 두 번이나 세 번 겹치면 수가 많음을 나타내기 때문입니다. 그런 예로 '나무 목(木)'을 두 번 겹치면 '수풀 림(林)'이 되고 세 번 겹치면 '빽빽할 삼(森)'이 되는 것을 들 수 있습니다.

多 duō

2 买旗袍

让她试一下这件旗袍。
Ràng tā shì yí xià zhè jiàn qípáo.

这件太大，小号比较合适。
Zhè jiàn tài dà, xiǎohào bǐjiào héshì.

还有别的颜色吗?
Háiyǒu bié de yánsè ma?

还有一个桃红色。
Háiyǒu yí gè táohóngsè.

我想两件都试试。
Wǒ xiǎng liǎng jiàn dōu shìshi.

可以。
Kěyǐ.

단어

- 让 ràng ~하게 하다
- 旗袍 qípáo 치파오
- 小号 xiǎohào 작은 사이즈
- 比较 bǐjiào 비교적, 상대적으로
- 合适 héshì 알맞다, 적당하다
- 桃红色 táohóngsè 복숭아색

 听一听

① 잘 듣고 들은 순서대로 번호를 쓰세요. 🎧09

❶

☐ yánsè ☐ táohóngsè ☐ bǐjiào

❷

☐ 小号 ☐ 试试 ☐ 合适

② 대화를 잘 듣고 물음에 답하세요. 🎧10

❶ 샤오화에게 어울리는 사이즈는 어떤 것인가요?

ⓐ
小号
xiǎohào

ⓑ
中号
zhōnghào

ⓒ
大号
dàhào

ⓓ
特大号
tèdàhào

❷ 샤오화가 입어보고 싶은 색깔은 어떤 것인가요?

ⓐ
紫色
zǐsè

ⓑ
黄色
huángsè

ⓒ
蓝色
lánsè

ⓓ
桃红色
táohóngsè

说一说

Ⓐ **你来试试这件旗袍。**
Nǐ lái shìshi zhè jiàn qípáo.

Ⓑ **款式我不喜欢。**
Kuǎnshì wǒ bù xǐhuan.

Ⓐ **那这件怎么样?**
Nà zhè jiàn zěnmeyàng?

Ⓑ **这件可以,我要中号的。**
Zhè jiàn kěyǐ, wǒ yào zhōnghào de.

A: 이 치파오 입어보세요.
B: 디자인이 마음에 안 들어요.
A: 그럼 이것은 어때요?
B: 괜찮네요. M사이즈로 주세요.

단어
• 款式 kuǎnshì 스타일, 디자인

보충학습 12 여러 가지 옷 종류와 크기를 알아보아요.

短袖T恤　**小号**
duǎnxiù T xù　xiǎohào
티셔츠　　작은 사이즈

牛仔裤　**大号**
niúzǎikù　dàhào
청바지　큰 사이즈

连衣裙　**中号**
liányīqún　zhōnghào
원피스　중간 사이즈

衬衫　**特大号**
chènshān　tèdàhào
와이셔츠　아주 큰 사이즈

毛衣　**小号**
máoyī　xiǎohào
스웨터　작은 사이즈

大衣　**中号**
dàyī　zhōnghào
외투　중간 사이즈

* '让'은 누구에게 시켜서 어떤 동작을 하도록 할 때 쓰는 표현으로, '~에게 ~하도록 하다' '~로 하여금 ~하게 하나'라는 뜻을 니디네고, '叫(jiào)'와 바꾸어 쓸 수 있습니다.

누가	누구에게	~하게 하다
妈妈 māma	妹妹 mèimei	옷을 입다 试一试衣服 shì yi shì yīfu
爸爸 bàba	我们 wǒmen	쉬다 好好儿休息 hǎohāor xiūxi
医生 yīshēng	我 wǒ	본문을 읽다 读课文 dú kèwén
老师 lǎoshī	弟弟 dìdi	일찍 자다 早点儿睡觉 zǎo diǎnr shuìjiào
店员 diànyuán	妈妈 māma	밥을 먹다 吃饭 chī fàn

* 아래 사람을 보고 위에 있는 '누구에게'와 '~하게 하다'에서 알맞은 말을 골라 문장을 만들어 보세요.

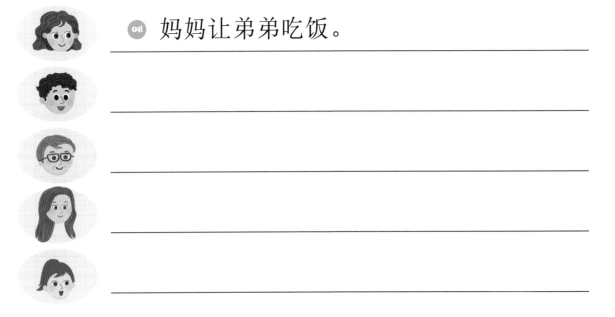

예 妈妈让弟弟吃饭。

_____

_____

_____

_____

_____

2

快乐乐 X-맨을 찾아라

A 让你们猜一猜谁是X-man。

B 第＿＿号是X-man。

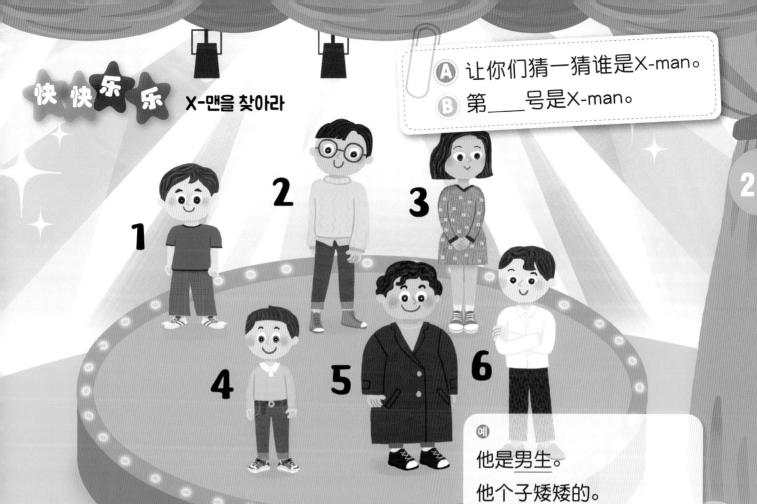

예

他是男生。
他个子矮矮的。
他穿红色的小号短袖T恤。

구분	1	2	3	4	5	6
성별	男生 nánshēng	男生 nánshēng	女生 nǚshēng	男生 nánshēng	男生 nánshēng	男生 nánshēng
키 (个子)	矮矮 ǎi'ǎi	高高 gāogāo	高高 gāogāo	矮矮 ǎi'ǎi	高高 gāogāo	高高 gāogāo
옷	短袖T恤 duǎnxiù T xù	毛衣 máoyī	连衣裙 liányīqún	牛仔裤 niúzǎikù	大衣 dàyī	衬衫 chènshān
색깔	红色 hóngsè	黄色 huángsè	桃红色 táohóngsè	蓝色 lánsè	黑色 hēisè	白色 báisè
사이즈	小号 xiǎohào	大号 dàhào	中号 zhōnghào	小号 xiǎohào	特大号 tèdàhào	中号 zhōnghào

네 명씩 한 모둠을 만들고, 모둠별로 그림의 인물 중 누구를 X-맨으로 할 것인지 정합니다. X-맨의 특징을 세 문장으로 준비하고 모둠별로 나와서 준비한 문장을 말하면, 다른 모둠은 세 문장을 잘 듣고 누가 X-맨인지 찾아 물음에 답합니다. 순서대로 돌아가며 활동을 하며 정답을 가장 많이 맞힌 모둠이 이깁니다.

 14

※ 다음 글의 내용과 일치하면 '是'에, 일치하지 않으면 '不是'에 ◯ 하세요.

치파오 사기

买旗袍

我和妈妈一起去买旗袍。

我看上了一件旗袍。售货员觉得那件太大了，

给我换了一件小号的。

那款旗袍还有桃红色的。我两件都试了试。

※ 看上 kànshàng 보고 마음에 들다, 반하다　售货员 shòuhuòyuán 판매원　换 huàn 교환하다, 바꾸다

1. 나에게 맞는 치파오는 小号이다.　　　　　　　　是 ｜ 不是

2. 내가 좋아하는 치파오의 색깔은 파란색이다.　　　是 ｜ 不是

양귀비는 치파오를 입고, 진시황제가 변발을 했을까요?

중국의 전통복장이라고 하면 일반적으로 치파오를 떠올릴 것입니다. 하지만 치파오는 중국의 마지막 왕조인 청(请)나라의 복장이랍니다. 청나라는 만주족(满洲族)이 세운 나라입니다. 만주족은 중국의 북쪽 지역의 유목민족이었는데 명(明)나라 말기에 세력이 강해지면서 중국 전체를 통일하게 되었습니다. 만주족은 말을 잘 다루는 민족이었기 때문에 여자도 말타기에 쉽도록 옷의 양옆이 트여 있습니다. 또한 청나라 때는 지금의 치파오와 달리 옷의 품이 넉넉했답니다. 치파오가 지금과 같이 몸에 딱 맞게 변한 것은 서양의 영향을 받은 뒤 1930년대부터입니다. 변발도 만주족의 머리 모양입니다. 변발은 청나라 시기의 남자 머리 모양으로 머리의 앞쪽은 밀고 뒷부분은 길게 길러서 땋는 모양입니다. 결국 우리가 중국의 전통복장이라고 생각하는 치파오와 변발은 청나라 이전에는 중국에서 찾아보기 힘든 것이었답니다. 그러니 양귀비가 치파오를 입고 진시황제가 변발을 했을 리 없겠지요.

재미있는 한자 이야기

'생각 상(想)'은 '서로 상(相)'에서 발음을 따오고 '마음 심(心)'에서 '마음으로 그리워하다'라는 의미를 따와 만들어진 형성자입니다. 중국어에서 '想'은 '생각하다', '~을 하고 싶다', '추측하다' 등 여러 의미로 사용됩니다. 하지만 가장 아름다운 의미는 '그리워하다'가 아닐까요? '집을 그리워하다(想家 xiǎng jiā)'와 같이 사용할 수 있답니다. 전학을 간 친구에게 "我想你(Wǒ xiǎng nǐ)"라고 이메일이나 메시지를 보내보세요. "네가 보고 싶어"라는 의미랍니다. 세 글자밖에 되지 않는 이 짧은 문장이 친구를 그리워하는 여러분의 마음을 전해 줄 것입니다.

想 xiǎng

汉字真有趣

这里新开了一家E-mart。
Zhèli xīn kāi le yì jiā E-mart.

你说的是'易买得'吗?
Nǐ shuō de shì Yìmǎidé ma?

Yi-mai-de，什么意思?
Yì-mǎi-dé,　　　shénme　yìsi?

容易的易，买东西的买，得到的得。
Róngyì de yì,　　mǎi dōngxi de mǎi,　dédào de dé.

中文翻译真有趣!
Zhōngwén fānyì zhēn yǒuqù!

단어

· 新开 xīn kāi 새로 생기다
· 容易 róngyì 쉽다
· 东西 dōngxi 물건
· 得到 dédào 얻다, 손에 넣다
· 翻译 fānyì 번역
· 有趣 yǒuqù 재미있다

① 잘 듣고 들은 순서대로 번호를 쓰세요. 🎧16

❶

☐ fānyì   ☐ yǒuqù   ☐ dédào

❷

☐ 中文   ☐ 东西   ☐ 容易

② 대화를 잘 듣고 물음에 답하세요. 🎧17

❶ '易买得'와 가장 관계 있는 그림을 고르세요.

ⓐ

商店
shāngdiàn

ⓑ

学校
xuéxiào

ⓒ

体育馆
tǐyùguǎn

ⓓ

书店
shūdiàn

❷ 두 사람의 대화는 중국어의 어떤 특징을 나타낸 것입니까?

ⓐ

상형문자

ⓑ

간체자

ⓒ

한어병음

ⓓ

E-Mart
→易买得

외래어 표기

说一说

  🎧 18

Ⓐ '易买得'韩文怎么说?
'Yìmǎidé' Hánwén zěnme shuō ?

Ⓑ 이마트.

Ⓐ 那'比萨'呢?
Nà 'bǐsà' ne?

Ⓑ 피자.

A: '易买得'를 한국어로 뭐라고 하지?
B: 이마트.
A: 그럼 '比萨'는 뭐라고 해?
B: 피자.

단어
• 韩文 Hánwén 한글, 한국어

3

보충학습 🎧 19 다양한 외래어 표현을 익히고 어떤 뜻인지 알아보아요.

咖喱
gālí

카레

芒果
mángguǒ

망고

巧克力
qiáokèlì

초콜릿

手机
shǒujī

핸드폰

脸书
liǎnshū

페이스북

无人机
wúrénjī

드론

汉字真有趣 **29**

＊'新开'는 가게나 상점이 새로이 생겼을 때 쓰는 표현으로 '새로 생기다', '새로이 문을 열다'라는 뜻을 나타냅니다.

学校门口新开了
Xuéxiào ménkǒu xīn kāi le

一家书店。
yì jiā shūdiàn.

放学后我们一起去看看，好吗？
Fàngxué hòu wǒmen yìqǐ qù kànkan, hǎo ma?

哇，方便多了。
Wā, fāngbiàn duō le.

我们家附近新开了一家超市。
Wǒmen jiā fùjìn xīn kāi le yì jiā chāoshì.

新开的那家冰淇淋店
Xīn kāi de nà jiā bīngqílíndiàn

怎么样？
zěnmeyàng?

不错，冰淇淋的种类很多。
Búcuò, bīngqílín de zhǒnglèi hěn duō.

건물 찾기 놀이

A 你到了哪家店？

B 我到了一家____。/
我哪家也没到。

도착

3

출발

주사위를 던져 나온 수대로 말을 옮깁니다. 말은 한 블록씩 옮길 수 있습니다. 도착한 곳에서 예와 같이 묻고 답합니다. 상점에 도착했을 때는 '我到了一家____。'/ 상점에 도착하지 않았을 때는 '我哪家也没到。'라고 합니다. (장소 이름은 중국어 또는 한국어로 해도 됩니다.) ● 준비물 : 주사위

주사위	이동	주사위	이동
●	곧바로 가세요.	●● ●●	꽝
● ●	처음으로	●● ●● ●●	좌회전
● ● ●	우회전	●● ●● ●●	한 번 더

※ 다음 글의 내용과 일치하면 '是'에, 일치하지 않으면 '不是'에 ◯ 하세요.

汉字真有趣

我发现了一家新开的E-Mart。

小华告诉我在中国叫'易买得'，我不知道'易买得'是什么意思。

她说就是'容易买得到'的意思。我觉得中文翻译很有趣。

1. 샤오한은 'E-Mart'의 중국어 번역이 아주 재미있다고 생각했다.   是 | 不是

2. '易买得'는 'E-Mart'를 번역한 한자로 '쉽게 살 수 있다'는 뜻이다.   是 | 不是

오늘 친구랑 맥도날드에서 汉堡包를 먹었다고?

'麦当劳(Màidāngláo)'와 '汉堡包(hànbǎobāo)'는 무슨 의미일까요? 반복해서 발음해 보세요. '麦当劳'는 햄버거 체인점인 '맥도날드'의 중국어랍니다. 중국어로 외래어를 나타내는 것은 쉽지 않습니다. '麦当劳'의 경우 발음이 비슷한 한자를 빌려와 맥도날드를 나타낸 것입니다. '麦当劳'라는 한자에는 맥도날드와 관련된 의미는 전혀 들어있지 않답니다. 단순히 발음이 비슷한 한자를 이용하여 만들어낸 단어입니다. 'KFC'는 '肯德基(Kěndéjī)'라고 합니다. 맥도날드와 마찬가지로 발음만 빌려온 글자랍니다. 그렇다면 '汉堡包'는 무엇의 중국어 이름일까요? 바로 '햄버거'랍니다. '汉堡包'는 '汉堡'로 '햄버거'라는 발음을 나타내고, '包'를 더하여 '빵'이라는 뜻을 나타낸, 발음과 의미를 섞어서 표현한 단어입니다.

'开'는 '열 개(開)'의 간체자입니다. '開'는 어떻게 만들어진 글자일까요? 바로 '문 문(門)'과 '평평할 견(开)'이 합쳐진 글자랍니다. '开'의 윗부분은 옛날 문에 있는 빗장을 의미합니다. 아랫부분은 두 손을 의미한답니다. '开'에 '門'이 합쳐져 빗장을 두 손으로 밀어 올려 문을 여는 모습을 나타내는 것입니다. 중국어에서 '开'는 기본적으로 '열다'라는 의미로 사용됩니다. '열다'라는 의미에서 발전하여 '책을 펼치다(打开书 dǎkāi shū)'와 같이 '펼치다'라는 의미로 쓰이기도 합니다. 여러분도 '开'가 쓰인 단어를 한 번 찾아 보세요.

開 kāi

4 还长还高

国庆节你去哪儿了？
Guóqìngjié nǐ qù nǎr le?

我们全家去北京旅游了。
Wǒmen quánjiā qù Běijīng lǚyóu le.

印象最深的是什么？
Yìnxiàng zuì shēn de shì shénme?

万里长城。
Wànlǐchángchéng.

你觉得长城怎么样?
Nǐ juéde Chángchéng zěnmeyàng?

我觉得长城比想象还长还高。
Wǒ juéde Chángchéng bǐ xiǎngxiàng hái cháng hái gāo.

4

还长还高 **35**

听一听

① 잘 듣고 들은 순서대로 번호를 쓰세요. 🎧 23

❶

| quánjiā | juéde | yìnxiàng |

❷

| 北京 | 长城 | 国庆节 |

② 대화를 잘 듣고 물음에 답하세요. 🎧 24

❶ 샤오한 가족이 여행을 간 곳은 어디인가요?

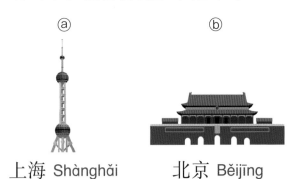

ⓐ 上海 Shànghǎi
ⓑ 北京 Běijīng
ⓒ 西安 Xī'ān
ⓓ 黄山 Huángshān

❷ 만리장성을 본 느낌은 어떠했나요? (모두 고르세요.)

ⓐ 还长 hái cháng
ⓑ 还短 hái duǎn
ⓒ 还高 hái gāo
ⓓ 还低 hái dī

说一说

Ⓐ 我上个月去了北京。
Wǒ shàng ge yuè qù le Běijīng.

Ⓑ 印象最深的是什么?
Yìnxiàng zuì shēn de shì shénme?

Ⓐ 我觉得北京的天气太冷。
Wǒ juéde Běijīng de tiānqì tài lěng.

Ⓑ 我也那么想。
Wǒ yě nàme xiǎng.

A: 나 지난달에 베이징에 다녀왔어.
B: 인상이 가장 깊었던 게 뭐야?
A: 내 생각에 베이징의 날씨가 너무
추웠어.
B: 나도 그렇게 생각해.

단어
· 上个月 shàng ge yuè 지난달

4

보충학습 🎧26 느낌을 표현하는 방법을 알아보아요.

北京 菜非常好吃
Běijīng cài fēicháng hǎochī
베이징 음식이 아주 맛있다

上海 新天地很热闹
Shànghǎi Xīntiāndì hěn rènao
상하이 신천지가 참 시끌벅적하다

桂林 风景真漂亮
Guìlín fēngjǐng zhēn piàoliang
구이린 풍경이 정말 아름답다

黄山 空气真好
Huángshān kōngqì zhēn hǎo
후왕산 공기가 진짜 좋다

香港 迪士尼很有趣
Xiānggǎng Díshìní hěn yǒuqù
홍콩 디즈니랜드가 참 흥미롭다

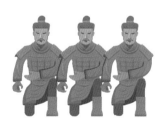

西安 天气太热
Xī'ān tiānqì tài rè
시안 날씨가 너무 덥다

＊ '比'는 사람이나 사물의 성질, 모양 또는 정도를 비교할 때 쓰는 표현으로 '~보다'라는 뜻을 나타냅니다.

比昨天冷，多穿一点。
Bǐ zuótiān lěng, duō chuān yìdiǎn.

今天比昨天冷吗？
Jīntiān bǐ zuótiān lěng ma?

这件衣服怎么样？
Zhè jiàn yīfu zěnmeyàng?

这件衣服比那件衣服漂亮。
Zhè jiàn yīfu bǐ nà jiàn yīfu piàoliang.

我觉得你比他跑得快。
Wǒ juéde nǐ bǐ tā pǎo de kuài.

哇，你看，
Wā,　nǐ kàn,

他跑得真快！
tā pǎo de zhēn kuài!

Ⓐ 谁比较_____呢?

Ⓑ ○○比我_____。

Ⓐ 我也觉得这样。/ 我觉得你比○○_____。

친구와 비교하며 목적지에 도착하는 게임입니다. 두 명이 짝이 되어 한 사람씩 돌아가며 동전을 던집니다. 동전의 앞면이 나오면 두 칸, 뒷면이 나오면 한 칸을 이동하여, 도착한 칸의 단어를 이용하여 보기와 같이 묻고 답합니다. 이 때 비교할 친구는 두 사람이 모두 아는 다른 친구를 정하면 됩니다. ● 준비물 : 동전

※ 다음 글의 내용과 일치하면 '是'에, 일치하지 않으면 '不是'에 ◯ 하세요.

더 길고 더 높아

还长还高

国庆节小韩全家去北京旅游了。

我问他印象最深的是什么。他说是万里长城。

小韩还说长城比想象中还长还高。

1. 샤오한 가족이 여행한 곳은 베이징이다.　　是　不是

2. 샤오한이 가장 인상 깊은 것은 천안문이라고 말했다.　　是　不是

만리장성(万里长城)은 정말 만리(万里)일까?

만리장성의 이름은 '만 리나 이어지는 긴 성곽'이란 뜻입니다. 만리장성은 정말 만 리일까요? 만리장성의 길이는 약 6,700킬로미터로 13,000리 정도 됩니다. 만리장성은 사실 만 리가 넘는 길이의 성곽인 것이지요. 만리장성을 처음 시작한 사람은 중국을 최초로 통일한 진나라의 시황제입니다. 그는 이민족의 침입을 막기 위해 곳곳에 떨어져 지어져 있던 성곽을 하나로 연결하는 공사를 시작했답니다. 이 공사는 중국의 여러 왕조를 걸치며 쭉 이어져 명나라 말기까지 계속되었습니다. 무려 2,000년 동안 이어진 놀랍도록 긴 공사였답니다. 중국어에는 '不到长城非好汉'이라는 말이 있습니다. '만리장성에 오르지 않고서는 대장부라 할 수 없다'라는 의미로 어려움을 극복하고 목표를 달성해야지만 진정한 영웅이라는 속뜻을 가지고 있습니다. 만리장성을 오르기가 얼마나 힘든지 알 수 있는 말이지요. 여러분도 만리장성에 올라 '好汉'이 되어 보세요.

'象'은 코끼리의 모습을 본뜬 상형자입니다. 윗부분은 코끼리의 긴 코를 나타내고, 중간 부분은 큰 귀를, 아랫부분은 튼튼한 다리와 꼬리를 나타냅니다. 현재 중국에는 코끼리가 살지 않는데 옛날 중국 사람들은 어떻게 코끼리의 모습을 알고 있었던 것일까요? 과거에는 기후가 지금과 달라서 중국에도 악어, 물소, 코끼리 등과 같은 열대성 동물이 살았다고 합니다. 중국 은(殷)나라 유물 중에는 코끼리 모양을 한 술병이 있답니다. 중국어로 코끼리는 '大象(dàxiàng)'이라고 합니다.

象 xiàng

本命年

快来看新年礼物。
Kuài lái kàn xīnnián lǐwù.

一根红手链?
Yì gēn hóng shǒuliàn?

不喜欢吗?
Bù xǐhuan ma?

就是颜色不怎么样。
Jiùshì yánsè bù zěnmeyàng.

단어

• 根 gēn 개, 가닥(가늘고 긴 것을 헤아리는 양사)
• 手链 shǒuliàn 팔찌
• 不怎么样 bù zěnmeyàng 그리 좋지 않다, 별로이다
• 带 dài (몸에) 지니다, 가지다
• 本命年 běnmìngnián 자신의 띠가 돌아오는 해
• 戴 dài (팔, 팔목 등에) 차다, 끼다

本命年一定要带红色的。
Běnmìngnián yídìng yào dài hóngsè de.

真的吗? 那我要戴。
Zhēn de ma? Nà wǒ yào dài.

5

听一听

① 잘 듣고 들은 순서대로 번호를 쓰세요. 🎧 30

❶

- [ ] běnmìngnián
- [ ] shǒuliàn
- [ ] xīnnián

❷

- [ ] 带
- [ ] 一定
- [ ] 根

② 대화를 잘 듣고 물음에 답하세요. 🎧 31

❶ 어머니께서 샤오화에게 설 선물로 준 것은 무엇인가요?

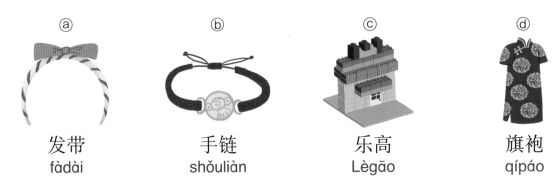

ⓐ 发带 fàdài ⓑ 手链 shǒuliàn ⓒ 乐高 Lègāo ⓓ 旗袍 qípáo

❷ 샤오화의 어머니는 자신이 태어난 해의 띠가 돌아오면 어떤 색깔의 물건을 지녀야 한다고 말했나요?

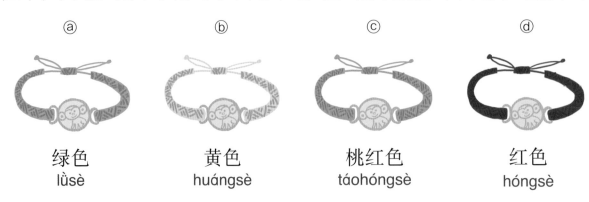

ⓐ 绿色 lǜsè ⓑ 黄色 huángsè ⓒ 桃红色 táohóngsè ⓓ 红色 hóngsè

说一说

Ⓐ 你属什么?
　　Nǐ shǔ shénme?

Ⓑ 我属猴。
　　Wǒ shǔ hóu.

Ⓐ 明年是你的本命年。
　　Míngnián shì nǐ de běnmìngnián.

Ⓑ 那我得带红色的。
　　Nà wǒ děi dài hóngsè de.

A: 너 무슨 띠야?

B: 원숭이띠야.

A: 내년이 너 띠가 돌아오는 해야.

B: 그럼 나 붉은색을 지녀야겠다.

5

보충학습 12가지 띠를 알아보아요.

鼠 shǔ 쥐

牛 niú 소

虎 hǔ 호랑이

兔 tù 토끼

龙 lóng 용

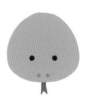

蛇 shé 뱀

马 mǎ 말

羊 yáng 양

猴 hóu 원숭이

鸡 jī 닭

狗 gǒu 개

猪 zhū 돼지

✻ '不怎么样'은 사물이나 상대를 평가하는 표현으로 '별로이다', '그리 좋지 않다', '보통이다'라는 뜻을 나타냅니다.

这双鞋子怎么样？
Zhè shuāng xiézi zěnmeyàng?

大小还行，
Dàxiǎo hái xíng,

可是颜色不怎么样。
kěshì yánsè bù zěnmeyàng.

那家餐厅怎么样？
Nà jiā cāntīng zěnmeyàng?

看起来不怎么样，但是味道不错。
Kàn qī lái bù zěnmeyàng, dànshì wèidào búcuò.

✻ 大小 dàxiǎo 크기   还行 háixíng (그런대로)괜찮다

快快乐乐 **미니북 만들기**

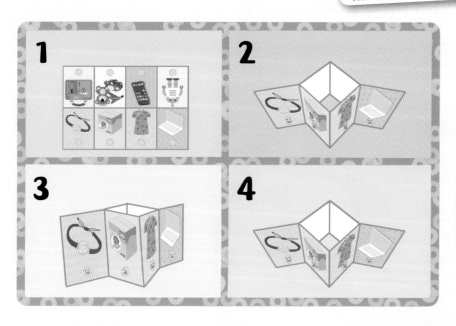

오리기 5쪽 전개도를 가위로 오려 가운데 부분을 자릅니다. 반으로 접은 후, 가운데 방향으로 밀어 책 모양으로 접습니다. 받고 싶은 선물에는 좋아하는 표정, 받고 싶지 않은 선물에는 싫어하는 표정을 그립니다. 네 명이 한 모둠이 되어 자신이 만든 책을 보여 주며 새해에 받고 싶은 선물에 대해 이야기합니다.

➡ 준비물 : 새해 선물 전개도

5

문구 文具 wénjù	장난감 玩具 wánjù	휴대폰 手机 shǒujī	로봇 机器人 jīqìrén
팔찌 手链 shǒuliàn	레고 乐高 Lègāo	치파오 旗袍 qípáo	노트북 笔记本 bǐjìběn

读一读

  ⑮

※ 다음 글의 내용과 일치하면 '是'에, 일치하지 않으면 '不是'에 ◯ 하세요.

나의 띠가 돌아오는 해

本命年

妈妈给我买了一根红手链。

她说这是我的新年礼物。我不太喜欢红色的。

妈妈说本命年一定要带红色的。

我只好戴上它了。

1. 어머니는 나에게 붉은색 목걸이를 사주셨다.   是 | 不是

2. 어머니는 자신의 띠가 돌아오는 해에는 붉은색 물건을 지녀야 한다고 하셨다.   是 | 不是

중국인들의 붉은색 사랑

　자신의 띠가 돌아오는 해(本命年)에 중국인들은 붉은색으로 된 물건을 몸에 지닙니다. 왜 붉은색일까요? 중국인은 붉은색을 행운의 색이라고 생각하며, 붉은색 물건을 지니면 나쁜 기운을 물리칠 수 있다고 여깁니다. 새해에 중국인은 붉은색 봉투에 세뱃돈을 넣어 줍니다. 그래서 세뱃돈을 중국어로 '붉은색 주머니'란 의미의 '红包(hóngbāo)'라고 합니다. 결혼식 때 신부가 붉은색 치파오를 입고 붉은색으로 신혼집을 장식하는 것도 일반적입니다. 자녀를 낳았을 때도 붉은색으로 물들인 계란을 주변 사람들에게 선물하며 아이의 탄생을 알리곤 한답니다. 중국인의 붉은색 사랑은 정확히 언제부터 시작되었는지는 알 수 없지만, 한(汉)나라를 세운 '유방(刘邦)'이 자신을 '적제지자(赤帝之子)', 즉 '붉은 황제의 아들'이라고 칭한 것에서 시작되었다는 설명이 있습니다. 이때부터 붉은색이 황제의 색깔로 모두가 좋아하게 되었다고 합니다. 중국 친구에게 편지를 쓰거나 선물할 일이 있으면 붉은색을 사용해 보세요.

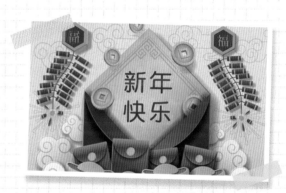

재미있는 한자 이야기

'红(hóng)'은 '붉을 홍(紅)'의 간체자입니다. 보통 '紅'은 '실 사(絲)'에서 뜻을 따오고 '장인 공(工)'에서 음을 따 온 형성자입니다. 이 외에도 '絲'는 무지개의 색깔이 실처럼 펼쳐져 있는 것을 의미하고 '工'은 무지개 '홍(虹)'에서 '虫'이 생략된 모양이라는 설명도 있답니다. 중국어에서 '红'은 '붉다'라는 뜻으로 쓰입니다. 신호등은 '红绿灯(hónglǜdēng)'이라고 해요. 또한, '红'은 인기 있거나 유명한 사람을 나타낼 때도 사용합니다. '他最近很红(Tā zuìjìn hěn hóng)'이라고 하면 '그는 요즘 매우 인기 있어'라는 의미로 보통 인기 연예인을 설명할 때 많이 사용한답니다.

红
hóng

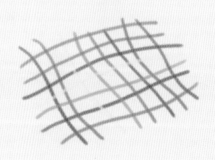

6 元宵节

看那儿！他们在干什么？
Kàn nàr! Tāmen zài gàn shénme?

舞龙表演。
Wǔlóng biǎoyǎn.

还有花灯呢！
Háiyǒu huādēng ne!

今天是元宵节嘛。
Jīntiān shì Yuánxiāojié ma.

怪不得，这么热闹！
Guàibude,　　zhème　rènao!

我们俩吃汤圆去吧。
Wǒmen liǎ chī tāngyuán qù ba.

단어

- 嘛 ma 뚜렷한 사실을 강조할 때
- 舞龙 wǔlóng 용춤
- 表演 biǎoyǎn 공연하다
- 花灯 huādēng 등불, 초롱
- 怪不得 guàibude 어쩐지
- 热闹 rènao 시끌벅적하다, 떠들썩하다
- 俩 liǎ 두 사람, 두 개
- 汤圆 tāngyuán 탕위안(음식 이름)

*찹쌀가루로 만든 새알 옹심이

6

闹元宵　**51**

听一听

1 잘 듣고 들은 순서대로 번호를 쓰세요.

❶

☐ guàibude   ☐ rènao   ☐ tāngyuán

❷

☐ 花灯   ☐ 舞龙   ☐ 表演

2 대화를 잘 듣고 물음에 답하세요.

❶ 두 사람이 보고 있는 놀이를 모두 고르세요.

ⓐ	ⓑ	ⓒ	ⓓ
		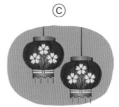	
舞龙 wǔlóng 용춤	赏月 shǎngyuè 달맞이	花灯 huādēng 등불, 초롱	烟花 yānhuā 불꽃놀이

❷ 오늘은 무슨 날인가요?

ⓐ	ⓑ	ⓒ	ⓓ

元宵节 Yuánxiāojié 정월대보름	中秋节 Zhōngqiūjié 추석	春节 Chūnjié 설날	端午节 Duānwǔjié 단오절

说一说

Ⓐ 哇，怎么这么热闹！
Wā, zěnme zhème rènao!

Ⓑ 今天是元宵节。
Jīntiān shì Yuánxiāojié.

Ⓐ 元宵节人们会做什么？
Yuánxiāojié rénmen huì zuò shénme?

Ⓑ 看花灯。
Kàn huādēng.

A: 와, 왜 이렇게 붐벼!
B: 오늘 정월대보름이야.
A: 정월대보름에 사람들은 뭘 하니?
B: 등불놀이를 봐.

6

보충학습   중국의 설날에 하는 일을 알아보아요.

拜年
bàinián
세배하기

给压岁钱
gěi yāsuìqián
세뱃돈 주기

放鞭炮
fàng biānpào
폭죽 터뜨리기

贴春联
tiē chūnlián
춘련 붙이기

吃年夜饭
chī niányèfàn
설날 음식 먹기

贴窗花
tiē chuānghuā
창문에 꽃무늬 붙이기

※ '怪不得'는 원인을 깨달아 이상하지 않음을 나타낼 때 쓰는 표현으로 '어쩐지', '과연', '그러기에'라는 뜻을 나타냅니다.

怪不得，她这么开心！
Guàibude, tā zhème kāixīn!

今天是她的生日。
Jīntiān shì tā de shēngrì.

听说她以前在北京
Tīngshuō tā yǐqián zài Běijīng
住了三年。
zhù le sānnián.

怪不得，她的中文那么好。
Guàibude, tā de zhōngwén nàme hǎo.

天气预报说今天晚上有雨。
Tiānqì yùbào shuō jīntiān wǎnshang yǒu yǔ.

怪不得，天气这么闷热。
Guàibude, tiānqì zhème mēnrè.

※ 闷热 mēnrè 무덥다

快快乐乐 야구 놀이

A 今天是什么日子？
B 今天是元宵节嘛。
A 怪不得，这么热闹！

＊ 日子 rìzi 날, 날짜

두 팀을 공격과 수비팀로 나눕니다. 수비팀이 "今天是什么日子？"라고 묻습니다. 공격팀의 타자는 "今天是元宵节嘛。"라고 대답하며 주사위를 던집니다. 주사위의 면이 안타가 나오면 "怪不得, 这么热闹!"라고 말하며 바둑알을 한 칸 옮기고, 2루타가 나오면 두 칸, 3루타가 나오면 세 칸을 옮깁니다. 말이 홈으로 들어오면 1점을 얻고, 세 번 아웃되면 공격과 수비를 바꿉니다. ◐ 준비물 : 오리기 7쪽 주사위, 바둑알

闹元宵 55

* 다음 글의 내용과 일치하면 '是'에, 일치하지 않으면 '不是'에 ○ 하세요.

정월대보름

元宵节

今天是元宵节。

我们看到了舞龙表演，也看了花灯。

小韩觉得元宵节很热闹。

我们俩还去吃了汤圆。

1. 오늘은 정월대보름날로 용춤과 등불을 보았다. (是 | 不是)

2. 정월대보름날에 우리는 만두를 먹으러 갔다. (是 | 不是)

元宵节와 정월대보름

　　중국의 '元宵节'과 우리나라의 정월대보름은 모두 음력 1월 15일로, 새해 첫 보름달을 기념하는 명절이랍니다. 하지만 '元宵节'과 정월대보름에 하는 풍습은 서로 다릅니다. 元宵节에 중국인들은 등불놀이를 하고 '용춤(舞龙)'과 '사자춤(舞狮)'을 춥니다. 여자는 종이나 천으로 만든 큰 배를 몸에 끼우고, 남자는 그 옆에서 노를 저으며 연기하는 '포한선(跑旱船)'이라는 공연과 '장대다리(踩高跷)' 공연도 열립니다. 그리고 이날 찹쌀반죽에 깨, 땅콩, 호두 등 다양한 소를 넣어 동그랗게 빚은 '탕위안(汤圆 tāngyuán)'을 끓여 먹는답니다. 탕위안은 동그랗게 생겼기 때문에 보름달을 의미하기도 하고 '圆(yuán)'이 가족이 모두 모이는 것을 뜻하기도 합니다. 한편 우리나라 사람들은 정월 대보름에 오곡밥을 지어 먹고 부럼을 깨먹거나 귀밝이술을 마시고, 밤에는 쥐불놀이를 하거나 더위팔기라는 재미있는 풍습을 즐깁니다. '元宵节'과 정월대보름은 같은 날이지만 풍습은 이렇게 다르답니다.

재미있는 한자 이야기

　　'더울 열(热)'은 어떻게 만들어진 글자일까요? '热'는 원래 '熱'로 '심을 예(埶)'와 '불 화(火)'의 변형인 '연화발(灬)'이 합쳐진 글자입니다. '埶'에서 '예'라는 음을 따와 '열'로 변하였고, '火'가 '뜨겁다'라는 의미를 나타냅니다. '热'는 '뜨겁다'라는 뜻으로 '매우 덥다(很热 hěn rè)'와 같이 사용할 수 있습니다. 중국어로 '热狗(règǒu)'라고 하면 무엇일까요? '热'는 '뜨겁다'라는 뜻이고 '狗'는 '개'라는 뜻입니다. '뜨거운 개'라니 도대체 무엇일까요? 정답은 핫도그입니다. '热狗'는 영어의 hot을 '热'로 바꾸고 dog를 '狗'로 바꾼 것이랍니다. 여러분도 이런 재미있는 중국어를 찾아 보세요.

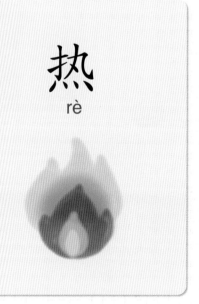

热
rè

7号是你的生日吗?
Qī hào shì nǐ de shēngrì ma?

不是，是8号。
Bú shì, shì bā hào.

9月8日，那是个好日子呀。
Jiǔ yuè bā rì, nà shì ge hǎo rìzi ya.

단어
- 好日子 hǎo rìzi 길일, 좋은 날
- 特别 tèbié 특별하다
- 发财 fā cái 부자가 되다
- 意思 yìsi 의미, 뜻
- 原来 yuánlái 알고 보니, 원래
- 幸运 xìngyùn 운이 좋다, 행운이다

有什么特别的?
Yǒu shénme tèbié de?

98，音是'就发'，有发财的意思。
Jiǔ bā, yīn shì 'jiù fā',   yǒu fā cái de   yìsi.

哇，原来我这么幸运!
Wā,   yuánlái wǒ zhème   xìngyùn!

听一听

1 잘 듣고 들은 순서대로 번호를 쓰세요.

❶

☐ fā cái   ☐ tèbié   ☐ hǎo rìzi

❷

☐ 原来   ☐ 幸运   ☐ 意思

2 대화를 잘 듣고 물음에 답하세요.

❶ 샤오한의 생일은 언제인가요?

ⓐ 9月 7日
jiǔ yuè qī rì

ⓑ 9月 8日
jiǔ yuè bā rì

ⓒ 7月 8日
qī yuè bā rì

ⓓ 7月 9日
qī yuè jiǔ rì

❷ '98'에는 어떤 뜻이 담겨있나요?

ⓐ 拜拜
bàibài

ⓑ 我爱你
wǒ ài nǐ

ⓒ 健康
jiànkāng

ⓓ 发财
fā cái

说一说

A 你知道中文里数字的含义吗?
Nǐ zhīdao zhōngwén li shùzì de hányì ma?

B 知道。8代表'发'。
Zhīdao. Bā dàibiǎo 'fā'.

A 那9呢?
Nà jiǔ ne?

B 长长久久的意思。
Chángchángjiǔjiǔ de yìsi.

A: 너 중국어 숫자 속에 담겨진 의미를 아니?
B: 알아. 8은 '부자 되다'를 나타내.
A: 그럼 9는?
B: '아주 오랫동안'이란 뜻이야.

 단어

• 含义 hányì
(글자·단어·말 등에) 담겨진 의미

• 代表 dàibiǎo 대표하다, 나타내다

보충학습 중국어 숫자 속에 담긴 뜻을 알아보아요.

6

六六大顺
liùliùdàshùn
순조롭다

10
十全十美
shíquánshíměi
완벽하다

168

一路发
yílù fā
앞으로 부자되세요

88

拜拜
bàibài
바이바이(안녕)

520

我爱你
wǒ ài nǐ
사랑해

1314

一生一世
yìshēngyíshì
한평생(일평생)

  48

※ '原来'는 본래는 알지 못했는데 갑자기 알게 된 것을 나타낼 때 쓰는 표현으로 '알고 보니'라는 뜻을 나타냅니다.

昨天我打电话给你，
Zuótiān wǒ dǎ diànhuà gěi nǐ,

没人接。
méi rén jiē.

原来是你，
Yuánlái shì nǐ,

我睡觉呢。
wǒ shuìjiào ne.

原来是你送的花。
Yuánlái shì nǐ sòng de huā.

是的，今天是
Shì de. jīntiān shì

你的生日嘛。
nǐ de shēngrì ma.

你认识小通？
Nǐ rènshi Xiǎotōng?

他原来是我的
Tā yuánlái shì wǒ de

小学同学。
xiǎoxué tóngxué.

快快乐乐 **누구 것일까요?**

A 谁的＿＿＿?
B 你的吗?
A 是。 / 不是。
B 原来是你的＿＿＿。

1	气球 qìqiú	
2	花 huā	
3	帽子 màozi	
4	鞋子 xiézi	
5	伞 sǎn	
6	书包 shūbāo	
7	眼镜 yǎnjìng	

네 명씩 한 모둠을 만들어 가위바위보로 술래를 한 사람 정합니다. 술래가 눈을 감고 있을 때, 모둠 친구 중 한 사람이 물건에 동그라미를 하고 다같이 "谁的(　　)?"라고 묻습니다. 술래는 눈을 뜨고, 한 친구를 손가락으로 가리키며 "你的吗?"라고 묻습니다. 맞으면 그 친구는 "是"라고 답하고 틀리면 "不是"라고 합니다. 맞혔을 때 술래는 "原来是你的(　　)。"라고 말하고, 틀릴 경우 술래는 두 번 더 맞힐 기회를 갖습니다.

读一读

49

✻ 다음 글의 내용과 일치하면 '是'에, 일치하지 않으면 '不是'에 ⃝ 하세요.

98 '바로 부자가 되다'

98 '就发'

小韩的生日是9月8号。我还以为是7号呢。

我告诉小韩'98'与'就发'的发音一样。

在中国有'发财'的意思。

小韩觉得自己很幸运。

1. 샤오화는 샤오한의 생일이 원래 9월 8일로 알고 있었다. (是 | 不是)

2. '98'은 '바로 부자가 되다'라는 뜻을 가진 중국어다. (是 | 不是)

2008년 8월 8일 오후 8시에 베이징에선 무슨 일이?

2008년 8월 8일 오후 8시에 베이징 올림픽의 개막식이 시작되었습니다. 개막식 시간은 무려 8
이 네 번이나 들어가 있었지요. 중국인은 올림픽 개막식을 왜 8이 많이 들어간 시간에 했을까요?
중국인은 숫자 8을 좋아합니다. 8이 많이 들어간 전화번호나 자동차 번호는 비싼 값에 팔리기도
합니다. 중국인이 8을 좋아하는 이유는 8의 중국어 발음에 있습니다. 8은 중국어로 '八(bā)'입니
다. 이 발음은 중국어로 '돈을 벌다', '부자가 되다'라는 의미를 나타내는 '发财(fā cái)'의 동사 부
분인 发와 비슷하답니다. 우리나라 사람이 숫자 4가 '죽을 사(死)'와 발음이 같다고 좋아하지 않
는 것과 같이 중국인은 숫자 8이 좋은 의미인 '发财'와 발음이 비슷해서 좋아하는 것입니다. 중국
인은 8만 좋아하는 것이 아니라 숫자 9도 좋아합니다. 역시 발음이 비슷한 단어의 의미가 좋기
때문이지요. 숫자 9는 중국어로 '九(jiǔ)'입니다. 이 발음은 '오
래되다'의 의미를 가진 '久(jiǔ)'와 발음이 같습니다. 그래서 중
국인은 숫자 9가 들어간 날짜나 시간에 결혼을 하거나 혼인신
고를 하는 경우가 많답니다.

재미있는
한자 이야기

'意'는 '소리 음(音)'과 '마음 심(心)'이 합쳐진 회의자로 '마음에서 우러나는
소리'라는 뜻입니다. 중국어에 '春意(chūnyì)'라는 말이 있습니다. 이 말은
'봄기운'이란 뜻으로 '봄기운이 완연하다'와 같이 시적인 표현에 많이 사용
된답니다. 여러 가지 의미를 가진 '意'이지만 기본 의미는 '마음에서 우러
나는 소리'랍니다. 이것을 가장 잘 나타내는 중국어는 '小意思(xiǎo yìsi)'가
아닐까요? '小意思'는 '작은 성의'라는 의미로 친구에게 선물을 줄 때 사용
할 수 있답니다. 물론 선물보다 중요한 것은 친구를 생각하는 마음이겠지
요. 친구를 생각하는 나의 마음을 전달하고 싶을 때 정성 어린 선물과 함
께 '这是我的小意思(Zhè shì wǒ de xiǎo yìsi)'라고 말해 보세요.

8 二胡

这是什么乐器?
Zhè shì shénme yuèqì?

是二胡。
Shì èrhú.

它只有两根弦吗?
Tā zhǐyǒu liǎng gēn xián ma?

对，但是它的声音很好听。
Duì, dànshì tā de shēngyīn hěn hǎotīng.

你会拉吗?
Nǐ huì lā ma?

我正在学呢。
Wǒ zhèngzài xué ne.

二胡 **67**

听一听

① 잘 듣고 들은 순서대로 번호를 쓰세요. 🎧 51

❶

☐ hǎotīng   ☐ shēngyīn   ☐ zhèngzài

❷

☐ 乐器   ☐ 二胡   ☐ 拉

② 대화를 잘 듣고 물음에 답하세요. 🎧 52

❶ 이 대화와 관계 있는 중국의 전통 문화는 어느 것인가요?

ⓐ 下围棋
xià wéiqí

ⓑ 剪纸
jiǎnzhǐ

ⓒ 二胡
èrhú

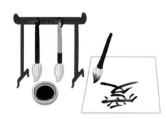
ⓓ 写书法
xiě shūfǎ

❷ 二胡의 현은 몇 줄인가요?

ⓐ 一根弦
yì gēn xián

ⓑ 两根弦
liǎng gēn xián

ⓒ 三根弦
sān gēn xián

ⓓ 四根弦
sì gēn xián

说一说

Ⓐ 你会拉二胡吗？
Nǐ huì lā èrhú ma?

Ⓑ 我正在学呢。
Wǒ zhèngzài xué ne.

Ⓐ 有意思吗？
Yǒu yìsi ma?

Ⓑ 挺有意思。
Tǐng yǒu yìsi.

A: 너 얼후 연주할 수 있어?
B: 배우는 중이야.
A: 재미있어?
B: 아주 재미있어.

 보충학습 여러 가지 중국 전통 문화 표현을 알아보아요.

打太极拳
dǎ tàijíquán
태극권을 하다

写书法
xiě shūfǎ
서예를 하다

剪纸
jiǎnzhǐ
종이를 오리다

下围棋
xià wéiqí
바둑을 두다

下象棋
xià xiàngqí
장기를 두다

抖空竹
dǒu kōngzhú
공죽을 돌리다

8

  ⑤⑤

＊ '正在~呢'는 동작의 진행이니 지속을 니티낼 때 쓰는 표현으로 '~하고 있다', '~하고 있는 중이다'라는 뜻을 나타냅니다.

老师，您现在忙吗？
Lǎoshī, nín xiànzài máng ma?

不，我正在休息呢。
Bù, wǒ zhèngzài xiūxi ne

不行，我正在写作业呢。
Bù xíng, wǒ zhèngzài xiě zuòyè ne.

小韩，一起去踢球，好吗？
Xiǎohán, yìqǐ qù tī qiú, hǎo ma?

喂，你在做什么呢？
Wèi, nǐ zài zuò shénme ne?

我正在看电视呢，
Wǒ zhèngzài kàn diànshì ne,

有什么事？
yǒu shénme shì?

快 快 乐 乐 무지개 완성하기

休息
一次

休息
一次

A팀

休息
一次

休息 xiūxi	写作业 xiě zuòyè	看电视 kàn diànshì
吃饭 chī fàn	看书 kàn shū	画画儿 huà huàr
唱歌 chàng gē	下象棋 xià xiàngqí	

① 각 팀은 가위바위보 그림에 말을 놓고 화살표 방향으로 이동합니다.

② 두 명씩 두 팀으로 나눠 한 명이 주사위를 던지며 묻고 다른 한 명이 바르게 대답할 경우 그 칸에 해당하는 색깔에 ✔ 를 합니다.

③ 이미 색칠한 칸에 도착하더라도 그림에 어울리는 문장을 묻고 답해야 합니다.

④ '休息一次' 칸에 도착하면 한 번 쉬고, '再来一次'칸에 도착하면 한 번 더 주사위를 던집니다.

⑤ 팀끼리 번갈아 가며 하고 무지개표에 모두 ✔ 를 하면 이깁니다.

再来
一次

休息
一次

B팀

再来
一次

8

读一读

56

*다음 글의 내용과 일치하면 '是'에, 일치하지 않으면 '不是'에 ◯ 하세요.

얼후

二胡

我不知道二胡是什么。二胡只有两根弦，真奇怪。

小华告诉我二胡的声音很好听。

她说她正在学拉二胡呢。

我也想学拉二胡了。

1. 얼후는 현이 두 줄인 악기이다.   (是 | 不是)

2. 샤오화는 샤오한이 배우고 있는 얼후를 배울 생각이다.   (是 | 不是)

文化

베이징 오페라, 경극(京剧)

중국을 대표하는 종합 예술 경극은 베이징에서 시작되었어요. 그래서 '베이징 오페라'라고 불리지요. 경극을 보면 중국의 의복과 머리 모양도 볼 수 있고, 얼후(二胡), 징, 북과 같은 중국 악기의 소리도 들을 수 있습니다. 경극은 강렬한 얼굴 분장으로도 유명합니다. 경극의 얼굴 분장은 리앤푸(脸谱 liǎnpǔ)라고 하는데 배우의 얼굴을 알아볼 수 없을 정도로 진한 분장을 합니다. 분장을 할 때는 빨간색, 흰색, 검은색 등의 색깔을 사용해서 등장인물의 성격을 드러낸답니다. 빨간색은 용감하고 충성스러운 성격을 나타냅니다. 흰색은 간사하고 교활한 인물을 나타냅니다. 검은색은 공명정대한 성격을 나타냅니다. 송나라 시대의 명판관 포청천(包青天)의 얼굴이 바로 검은색이랍니다. 이외에도 금색은 신선을, 초록색은 경솔한 성격을 나타냅니다. 이제 경극 주인공의 얼굴색만 보고도 성격을 짐작할 수 있겠지요?

재미있는 한자 이야기

'그릇 기(器)'는 글자에 '입 구(口)'가 4개나 들어 있는 글자입니다. 과연 '口'는 '器'의 의미에서 어떤 역할을 할까요? 정답은 '아무런 역할도 하지 않는다'입니다. 그렇다면 아무런 의미도 없는 '口'가 왜 4개나 들어있을까요? '器' 글자가 처음 만들어 질 때는 '개가 크게 짖는 소리'를 의미했답니다. '器' 글자 가운데 '개 견(犬)'이 보이나요? 그 옆에 사방으로 '口'가 4개나 있으니 개가 얼마나 큰 소리로 짖는지 알 수 있습니다. 하지만 나중에 이런 의미는 사라지고 '그릇'이라는 의미로 변하였답니다. 중국어에서 '器'는 '기물(器物 qìwù)', '무기(武器 wǔqì)' 등과 같이 '기구'라는 의미로 사용됩니다. 여러분의 그릇은 얼마만한가요? 분명 대기만성 할 큰 그릇일 것입니다.

器 qì

跷 跷 板
Qiāoqiāobǎn

作者：樊发稼

跷跷板，板翘翘；
Qiāoqiāobǎn,　bǎn qiào qiào;

一头低，一头高。
yì　tóu dī,　　yì　tóu gāo.

你一翘，笑哈哈；
Nǐ　yí qiào,　xiào hā　hā;

我一翘，哈哈笑。
wǒ　yí qiào,　　hā　hā xiào.

翘呀翘，翘呀翘；
Qiào ya qiào,　qiào ya qiào;

你高——我低，
nǐ gāo　-　wǒ dī,

你低——我高。
nǐ　dī　-　wǒ gāo.

시소

시소가 올라간다

한쪽은 낮게, 한쪽은 높게

네가 올라가면 하하하

내가 올라가도 하하하

올라가고 올라가고, 올라가고 올라가네

네가 높으면 나는 낮고

네가 낮으면 나는 높네

1과 爸爸做的菜 아빠가 만든 음식

◆ **课文** p.10

샤오한 : 와, 음식이 정말 많네요!

샤오화 : 모두 아빠가 만들었어.

샤오한 : 너희 집은 아빠가 음식을 만들어?

샤오화, 엄마 : 누구든지 먼저 퇴근하는 사람이
음식을 만들지.

아빠　　 : 너희들 많이 먹으렴.

샤오한 : 정말 맛있어요.

◆ **听一听** p.12

1. ❶ 2　3　1

　 ❷ 3　2　1

2. ❶ ⓐ

　 ❷ ⓒ

◆ **记一记** p.14

A : 이거 다 네 거니?

B : 아뇨, 어떤 것은 형 거에요.

A : 중국의 설날은 참 특별해!

B : 곳곳에 모두 빨간색이야.

A : 너희들은 어느 나라 사람이야?

B : 우리들은 모두 중국 사람이에요.

◆ **读一读** p.16

Bàba zuò de cài

Wǒ qù Xiǎohuá jiā chī fàn. Xiǎohuá de bàba
zuò le hěn duō cài. Xiǎohuá hé tā māma gàosu
wǒ, zài tā jiā shéi xiān xià bān shéi zuò fàn. Wǒ
juéde Xiǎohuá bàba zuò de cài zhēn hǎochī.

아빠가 만든 음식

나는 샤오화 집에 밥을 먹으러 갔다. 샤오화의
아빠가 요리를 많이 하셨다. 샤오화와 그녀의
엄마는 나에게 샤오화네 집에서는 먼저 퇴근하는
사람이 식사를 준비한다고 말했다. 나는 샤오화
아빠가 만든 음식이 매우 맛있게 느껴졌다.

1. 不是

2. 是

2과 买旗袍 치파오를 사다

◆ **课文** p.18

엄마　　 : 이 치파오를 그녀에게 입혀 주세요.

판매원 : 이 옷은 너무 커요. 작은 사이즈가
어울릴 것 같아요.

엄마　　 : 또 다른 색깔이 있습니까?

판매원 : 복숭아색도 있어요.

샤오화 : 두 벌 모두 입어보고 싶어요.

판매원 : 네 그렇게 하세요.

◆ **听一听** p.20

1. ❶ 3　1　2

　 ❷ 2　1　3

2. ❶ ⓐ

　 ❷ ⓓ

◆ 读一读　　　　　　　　　　p.24

măi qípáo

Wŏ hé māma yìqĭ qù măi qípáo. Wŏ kànshàng le yí jiàn qípáo. Shòuhuòyuán juéde nà jiàn tài dà le. Gěi wŏ huàn le yí jiàn xiăohào de. Nà kuăn qípáo háiyŏu táohóngsè de. Wŏ liăng jiàn dōu shì le shì.

치파오 사기

나와 엄마는 같이 치파오를 사러 갔다. 내 마음에 드는 치파오가 있었다. 판매원은 그 치파오가 너무 크다고 생각했는지 작은 사이즈로 바꾸어 주셨다. 그 치파오는 복숭아색도 있었다. 나는 두 벌 모두 입어보았다.

1. 是
2. 不是

3과　汉字真有趣 정말 재미있는 한자

◆ 课文　　　　　　　　　　p.26

샤오한 : 이곳에 새로운 이마트가 개업했네.
샤오화 : 네가 말한 것이 '易买得'지?
샤오한 : yi-mai-de 무슨 뜻이지?
샤오화 : '쉽다'의 易, '물건을 사다'의 买, '얻다'의 得.
샤오한 : 중국어 번역 정말 재미있네!

◆ 听一听　　　　　　　　　　p.28

1. ❶ 3　1　2
　　❷ 2　1　3

2. ❶ ⓐ

❷ ⓓ

◆ 记一记　　　　　　　　　　p.30

A : 학교 문 앞에 서점이 하나 새로 생겼어.
B : 수업 끝나고 우리 같이 가 볼래?

A : 우리 집 근처에 슈퍼가 하나 새로 문을 열었어.
B : 와, 편해졌겠네.

A : 새로 생긴 저 아이스크림 가게 어때?
B : 괜찮아, 아이스크림 종류가 아주 많아.

◆ 读一读　　　　　　　　　　p.32

hànzì zhēn yŏuqù

Wŏ fāxiàn le yì jiā xīn kāi de E-Mart. Xiăohuá gàosu wŏ zài Zhōngguó jiào 'yì măidé', wŏ bùzhīdào 'yì măidé' shì shénme yìsi. Tā shuō jiùshì 'róngyì măidé dào' de yìsi. Wŏ juéde zhōngwén fānyì hěn yŏuqù.

한자는 정말 재미있어요.

나는 새로 생긴 이마트를 발견했다. 샤오화는 나에게 중국에서는 '易买得'라고 한다고 알려주었다. 나는 '易买得'가 무슨 의미인지 몰랐다. 그녀가 "쉽게 살 수 있다"라는 의미라고 말했다. 나는 중국어 번역이 매우 재미있다고 느꼈다.

1. 是
2. 是

4과　还长还高 더 길고 더 높아

◆ 课文　　　　　　　　　　p.34

샤오화 : 국경절에 너 어디 갔어?

샤오한 : 우리 가족 모두 베이징에 가서
　　　　여행했어.

샤오화 : 가장 인상 깊었던 게 뭐야?

샤오한 : 만리장성이야.

샤오화 : 네 생각에 만리장성이 어땠는데?

샤오한 : 만리장성이 생각보다 더 길고
　　　　높더라고.

◆ 听一听　　　　　　　　　　　p.36

1. ❶ 3　2　1
　　❷ 2　1　3

2. ❶ ⓑ
　　❷ ⓐ, ⓒ

◆ 记一记　　　　　　　　　　　p.38

A : 오늘이 어제보다 추워요?

B : 어제보다 더 추워. 많이 입어.

A : 이 옷 어때?

B : 이 옷이 저 옷보다 예뻐.

A : 와, 봐봐, 쟤 진짜 빨리 달리네!

B : 내 생각에 너가 쟤보다 더 빠른 걸.

◆ 读一读　　　　　　　　　　　p.40

hái cháng hái gāo

Guóqìngjié Xiǎohán quánjiā qù Běijīng lǚyóu le.
Wǒ wèn tā yìnxiàng zuì shēn de shì shénme. Tā
shuō shì Wànlǐchángchéng. Xiǎohán hái shuō
Chángchéng bǐ xiǎngxiàng zhōng hái cháng hái
gāo.

더 길고 더 높아

국경절에 샤오한 가족 모두는 베이징에 여행을 갔다.

나는 그에게 가장 인상깊었던 것이 무엇인지
물어보았다. 그는 만리장성이라고 말했다. 샤오한은
또 만리장성이 생각보다 더 길고 더 높다고 말했다.

1. 是

2. 不是

5과　**本命年** 자신의 띠가 돌아오는 해

◆ 课文　　　　　　　　　　　p.42

엄마　　 : 빨리 와서 설 선물 보렴.

샤오화 : 붉은색 팔찌 하나네요?

엄마　　 : 싫어하니?

샤오화 : 색깔이 맘에 들지 않아요.

엄마　　 : 자신의 띠가 돌아오는 해에는 꼭
　　　　　붉은색을 지녀야 한단다.

샤오화 : 정말이에요? 그러면 차고 다닐게요.

◆ 听一听　　　　　　　　　　　p.44

1. ❶ 3　1　2
　　❷ 1　3　2

2. ❶ ⓑ
　　❷ ⓓ

◆ 记一记　　　　　　　　　　　p.46

A : 이 구두는 어떠세요?

B : 크기는 괜찮은데, 색깔이 별로예요.

A : 저 식당 어때요?

B : 보기엔 별로지만, 맛은 괜찮아요.

◆ 读一读　　　　　　　　　　　p.48

běnmìngnián

Māma gěi wǒ mǎi le yì gēn hóng shǒuliàn. Tā shuō zhè shì wǒ de xīnnián lǐwù. Wǒ bú tài xǐhuan hóngsè de. Māma shuō běnmìngnián yídìng yào dài hóngsè de. Wǒ zhǐhǎo dàishàng tā le.

나의 띠가 돌아오는 해

엄마가 나에게 붉은색 팔찌를 사주셨다. 엄마는 이것이 내 설 선물이라고 하셨지만, 나는 붉은색을 별로 좋아하지 않는다. 엄마는 나의 띠가 돌아오는 해에는 반드시 붉은색 물건을 지녀야 한다고 말씀하셨다. 나는 그 팔찌를 찰 수밖에 없었다.

1. 不是
2. 是

6과 闹元宵 정월대보름

◆ **课文** p.50

샤오한 : 저기 봐! 저 사람들 뭐 하고 있지?
샤오화 : 용춤 공연이야.
샤오한 : 또 등불도 있네!
샤오화 : 오늘이 정월대보름이잖아.
샤오한 : 어쩐지, 정말 시끌벅적하네!
샤오화 : 우리 둘 탕위안 먹으러 가자.

◆ **听一听** p.52

1. ❶ 3 2 1
   ❷ 3 1 2

2. ❶ ⓐ, ⓒ
   ❷ ⓐ

◆ **记一记** p.54

A : 오늘 저 여자애 생일이야.
B : 어쩐지, 걔가 그렇게 기분이 좋아보이더라니!

A : 걔 예전에 베이징에서 삼 년 살았다던데.
B : 어쩐지 중국어를 그렇게 잘 하더라니.

A : 일기예보에서 오늘 저녁에 비가 온대요.
B : 어쩐지, 날씨가 이렇게 후덥지근하더라니.

◆ **读一读** p.56

Yuánxiāojié
Jīntiān shì Yuánxiāojié. Wǒmen kàndào le wǔlóng biǎoyǎn, yě kàn le huādēng. Xiǎohán juéde Yuánxiāojié hěn rènao. Wǒmen liǎ hái qù chī le tāngyuán.

정월대보름

오늘은 정월대보름이다. 우리는 용춤 공연을 보고, 등불도 구경했다. 샤오한은 정월대보름이 매우 시끌벅적하다고 한다. 우리 둘은 탕위안도 먹으러 갔다.

1. 是
2. 不是

7과 98 '就发' 98 '바로 부자가 되다'

◆ **课文** p.58

샤오화 : 7일이 너의 생일이니?
샤오한 : 아니, 8일이야.
샤오화 : 9월 8일, 그날은 정말 좋은 날이지.
샤오한 : 어떤 특별함이 있어?
샤오한 : 98은 발음이 'jiù fā'로 부자가 된다는 뜻이야.

샤오한 : 와, 알고보니 나 운이 좋네!

◆ 听一听   p.60

1. ❶ 2 3 1
   ❷ 3 1 2

2. ❶ ⓑ
   ❷ ⓓ

◆ 记一记   p.62

A : 어제 너한테 전화했는데, 아무도 안 받던데?
B : 알고 보니 너였구나. 나 자고 있었어.

A : 알고 보니 네가 보낸 꽃이로군.
B : 그래, 오늘이 네 생일이잖아.

A : 너 샤오퉁 알아?
B : 알고 보니 내 초등학교 동창이야.

◆ 读一读   p.64

98 'jiù fā'

Xiǎohán de shēngrì shì jiǔ yuè bā hào. Wǒ hái yǐwéi shì qī hào ne. Wǒ gàosu Xiǎohán "98" yǔ "jiù fā" de fāyīn yíyàng. Zài Zhōngguó yǒu fā cái de yìsi. Xiǎohán juéde zìjǐ hěn xìngyùn.

98 '바로 부자가 되다'

샤오한의 생일은 9월 8일이다. 나는 7일인 줄 알았다. 나는 샤오한에게 '98'은 '就发'와 발음이 같다고 말했다. 중국에서는 '바로 부자가 되다'라는 뜻이다. 샤오한은 자기가 운이 좋은 것 같다고 한다.

1. 不是
2. 是

◆ 课文   p.66

샤오한 : 이것은 어떤 악기니?
샤오화 : 얼후야.
샤오한 : 그것은 현이 두 줄만 있어?
샤오화 : 맞아, 그러나 그 소리는 아주 듣기 좋아.
샤오한 : 너 연주 할 수 있니?
샤오화 : 나 지금 배우고 있어.

◆ 听一听   p.68

1. ❶ 3 2 1
   ❷ 1 3 2

2. ❶ ⓒ
   ❷ ⓑ

◆ 记一记   p.70

A : 선생님, 지금 바쁘세요?
B : 아니, 쉬고 있는데.

A : 샤오한, 같이 축구할래?
B : 안 돼, 나 숙제하고 있어.

A : 여보세요, 너 뭐하고 있어?
B : 텔레비전 보고 있어. 무슨 일이야?

◆ 读一读   p.72

èrhú

Wǒ bùzhīdào èrhú shì shénme. Èrhú zhǐyǒu liǎng gēn xián, zhēn qíguài. Xiǎohuá gàosu wǒ èrhú de shēngyīn hěn hǎotīng. Tā shuō tā zhèngzài xué lā èrhú ne. Wǒ yě xiǎng xué lā èrhú le.

얼후

나는 얼후가 무엇인지 몰랐다. 얼후는 현이 두 줄밖에 없어서 정말 특이하다. 샤오화가 나에게 얼후의 소리가 매우 듣기 좋다고 알려주었다. 그녀는 지금 얼후를 배우고 있다. 나도 얼후를 배우고 싶다.

1. 是

2. 不是

종합평가

1. ③

2. ②

3. ⑤

4. ③

5. 医生让弟弟早点儿睡觉。

6. ①

7. ③

8. 今天比昨天冷吗?

9.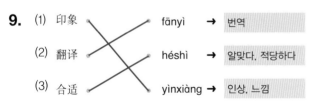

10. ④

11. ③

12. ③

13.

r	s	j	l	y	m	w
è	h	i	i	u	f	ǔ
n	ǔ	ǔ	ǎ	è	ā	l
a	d	à	i	q	c	ó
o	g	ē	n	ì	á	n
t	è	b	i	é	i	g

14. ③

15. ⑤

16.

17. ④

18. 正在

19. ①

20. ③

듣기문제 스크립트

1. ❶ 下班
　　做饭
　　好吃

　❷ 先
　　谁
　　这么

2. ❶ 小韩：哇，这么多菜！
　　小华：都是我爸爸做的。

　❷ 小韩：你们家爸爸做饭?
　　小华：谁先下班，谁做饭。

1. ❶ 桃红色
　　比较
　　颜色

　❷ 试试
　　小号
　　合适

2. ❶ 妈妈：让她试一下这件旗袍。
　　售货员：这件太大，
　　　　　　小号比较合适。

　❷ 妈妈：还有别的颜色吗?
　　售货员：还有一个桃红色。
　　小华：我想两件都试试。

1. ❶ 有趣
　　得到
　　翻译

　❷ 东西
　　中文
　　容易

2. ❶ 小韩：这里新开了一家E-mart
　　小华：你说的是'易买得'吗?

　❷ 小韩：yi-mai-de，什么意思?
　　小华：容易的易，
　　　　　买东西的买，得到的得。
　　小韩：中文翻译真有趣!

1. ❶ 印象
　　觉得
　　全家

　❷ 长城
　　北京
　　国庆节

2. ❶ 小华：国庆节你去哪儿了?
　　小韩：我们全家去北京旅游了。

　❷ 小华：你觉得长城怎么样?
　　小韩：我觉得长城比想象
　　　　　还长还高。

1. ❶ 手链
　　新年
　　本命年

　 ❷ 带
　　根
　　一定

2. ❶ 妈妈：快来看新年礼物。
　　小华：一根红手链?

　 ❷ 妈妈：本命年一定要带红色的。
　　小华：真的吗? 那我要戴。

1. ❶ 汤圆
　　热闹
　　怪不得

　 ❷ 舞龙
　　表演
　　花灯

2. ❶ 小韩：看那儿! 在玩儿什么?
　　小华：舞龙表演。
　　小韩：还有花灯呢!

　 ❷ 小韩：今天是什么日子?
　　小华：今天是元宵节嘛。
　　小韩：怪不得, 这么热闹!

1. ❶ 好日子
　　发财
　　特别

　 ❷ 幸运
　　意思
　　原来

2. ❶ 小华：7号是你的生日吗?
　　小韩：不是，是8号。
　　小华：9月8日，那是个好日子呀。

　 ❷ 小韩：有什么特别的?
　　小华：98，音是'就发'，
　　　　　有发财的意思。

1. ❶ 正在
　　声音
　　好听

　 ❷ 乐器
　　拉
　　二胡

2. ❶ 小韩：这是什么乐器?
　　小华：是二胡。

　 ❷ 小韩：它只有两根弦吗?
　　小华：对, 但是它的声音很好听。

衬衫	chènshān	와이셔츠
毛衣	máoyī	스웨터
大衣	dàyī	외투
看上	kànshàng	보고 마음에 들다, 반하다
售货员	shòuhuòyuán	판매원
换	huàn	교환하다, 바꾸다

 1과

这么	zhème	이렇게
做饭	zuò fàn	밥을 하다
先	xiān	먼저
下班	xià bān	퇴근하다
好吃	hǎochī	맛이 좋다
外面	wàimian	밖
家务	jiāwù	집안일
打扫	dǎsǎo	청소하다
洗衣服	xǐ yīfu	빨래하다
洗碗	xǐ wǎn	설거지하다
熨衣服	yùn yīfu	다림질하다
叠衣服	dié yīfu	옷을 개다
倒垃圾	dào lājī	쓰레기를 버리다

 3과

新开	xīn kāi	새로 생기다
容易	róngyì	쉽다
东西	dōngxi	물건
得到	dédào	얻다, 손에 넣다
翻译	fānyì	번역
有趣	yǒuqù	재미있다
容易	róngyì	쉽다
咖喱	gālí	카레
芒果	mángguǒ	망고
巧克力	qiáokèlì	초콜릿
手机	shǒujī	핸드폰
脸书	liǎnshū	페이스북
无人机	wúrénjī	드론

2과

让	ràng	~하게 하다
旗袍	qípáo	치파오
小号	xiǎohào	작은 사이즈
比较	bǐjiào	비교적, 상대적으로
合适	héshì	알맞다, 적당하다
桃红色	táohóngsè	복숭아색
款式	kuǎnshì	스타일, 디자인
中号	zhōnghào	중간 사이즈
大号	dàhào	큰 사이즈
特大号	tèdàhào	아주 큰 사이즈
短袖T恤	duǎnxiù T xù	반팔 티셔츠
牛仔裤	niúzǎikù	청바지
连衣裙	liányīqún	원피스

4과

印象	yìnxiàng	인상, 느낌
全家	quánjiā	온 가족
觉得	juéde	~라고 느끼다[생각하다]
比	bǐ	~보다
想象	xiǎngxiàng	상상하다
深	shēn	깊다

还	hái	더
上个月	shàng ge yuè	지난달
菜非常好吃	cài fēicháng hǎochī	음식이 아주 맛있다
新天地很热闹	Xīntiāndì hěn rènao	신천지가 참 시끌벅적하다
风景真漂亮	fēngjǐng zhēn piàoliang	풍경이 정말 아름답다
空气真好	kōngqì zhēn hǎo	공기가 진짜 좋다
迪士尼很有趣	Díshìní hěn yǒuqù	디즈니랜드가 참 흥미롭다
天气太热	tiànqì tài rè	날씨가 너무 덥다

鸡	jī	닭
狗	gǒu	개
猪	zhū	돼지
大小	dàxiǎo	크기
还行	háixíng	(그런대로)괜찮다

根	gēn	개, 가닥(가늘고 긴 것을 헤아리는 양사)
手链	shǒuliàn	팔찌
不怎么样	bù zěnmeyàng	그리 좋지 않다, 별로이다
带	dài	(몸에) 지니다, 가지다
本命年	běnmìngnián	자신의 띠가 돌아오는 해
戴	dài	(팔 등에) 차다, 끼다
鼠	shǔ	쥐
牛	niú	소
虎	hǔ	호랑이
兔	tù	토끼
龙	lóng	용
蛇	shé	뱀
马	mǎ	말
羊	yáng	양
猴	hóu	원숭이

嘛	ma	뚜렷한 사실을 강조할 때
舞龙	wǔlóng	용춤
表演	biǎoyǎn	공연하다
花灯	huādēng	등불, 초롱
怪不得	guàibude	어쩐지
热闹	rènao	시끌벅적하다, 떠들썩하다
俩	liǎ	두 사람, 두 개
汤圆	tāngyuán	탕위안(음식 이름)
闷热	mēnrè	무덥다

好日子	hǎo rìzi	길일, 좋은 날
特别	tèbié	특별하다
发财	fā cái	부자가 되다
意思	yìsi	의미, 뜻
原来	yuánlái	알고 보니, 원래
幸运	xìngyùn	운이 좋다, 행운이다.
含义	hányì	(글자 · 단어 · 말 등에) 담겨진 의미
代表	dàibiǎo	대표하다, 나타내다
六六大顺	liùliùdàshùn	순조롭다
十全十美	shíquánshíměi	완벽하다
一路发	yílù fā	앞으로 부자되세요

拜拜	bàibài	바이바이(안녕)
我爱你	wǒ ài nǐ	사랑해
一生一世	yìshēngyíshì	한평생(일평생)

乐器	yuèqì	악기
二胡	èrhú	얼후(중국 전통 악기)
它	tā	그것
弦	xián	줄, 선, 현
声音	shēngyīn	소리
拉	lā	연주하다
正在	zhèngzài	지금 ~하고 있다
打太极拳	dǎ tàijíquán	태극권을 하다
写书法	xiě shūfǎ	서예를 하다
剪纸	jiǎnzhǐ	종이를 오리다
下围棋	xià wéiqí	바둑을 두다
下象棋	xià xiàngqí	장기를 두다
抖空竹	dǒu kōngzhú	공죽을 돌리다

이 책을 쓰신 선생님들

▣ 권상기

한국외국어대학교 중국어과 졸업
한국외국어대학교 대학원 중국어교육 전공
상해사범대학교 응용언어학과 박사과정 수료
1997~2004 한성화교중고등학교 교사
2005 중국 상하이 총영사관 한국어 강사
2005~2017 상해한국학교 중국어 교사
대만 동화 『꽃의 요정이 춤추는 숲』 번역
초등사회과탐구 교재 『상하이(上海)의 생활』 집필
『콰이러쉬에한위 快乐学汉语1~3』 제이플러스
교육부 재외한국학교 교수학습자료 『汉语拼音교재』 집필
現 청계자유발도르프학교 중국어 교사

▣ 김명섭

대구교육대학교 졸업
한국교원대학교 대학원 교육사회 전공
2005~2006 상해한국학교 초등교사
초등사회과탐구 교재 『상하이(上海)의 생활』 집필
『콰이러쉬에한위 快乐学汉语1~3』 제이플러스
『어린이 중국어 리딩북1~3』 제이플러스
現 초등학교 교감

▣ 김예란

연세대학교 중어중문학과 졸업
연세대학교 대학원 지역학협동과정 중국지역 전공
2007~2010 신수중학교 중국어 교사
2011~2015 영동중학교 중국어 교사
現 고등학교 중국어 교사

▣ 이현숙

부산대학교 국어교육과 졸업
상해화동사범대학 중국어 연수
건국대학교 교육대학원 다문화소통교육 전공
1987~1998 부산시교육청 국어교사
2005 중국 상하이 총영사관 한국어 강사
2003~2011 상해 한글학당 한국어 교사
2004~2011 상해 한국학교 중등 국어교사
초등사회과탐구 교재 『상하이(上海)의 생활』 집필
『콰이러쉬에한위 快乐学汉语1~3』 제이플러스
『어린이 중국어 리딩북1~3』 제이플러스
『다문화 한국사 이야기』 선인
現 서울시교육청 국어교사

▣ 왕지에(王潔)

화동사범대학 중문과 졸업
중화인민공화국 고등학교 어문교사자격과정 수료
외국어로서의 중국어 교학능력 고급 과정 수료
2002~2004 상해한국학교 중국어 교사
2004~2018 상해 싱가포르 국제학교 중국어 교사
『콰이러쉬에한위 快乐学汉语1~3』 제이플러스
現 上海 Dulwich 국제학교 중국어 교사

▣ 저우자쑤(邹佳素)

중국 화중과기대학교 졸업
경북대학교 대학원 중어중문학 전공
서울대학교 중어중문학과 박사
1995~1997 싱가포르국립대학교(NUS) 연수
2008~2011 포항다문화가족지원센터 근무
2009~2011 포항 전자여자고등학교 중국어 교사
2014~2017 대구외국어대학교 교수
『다문화가정 사랑의 책보내기』 번역, 매일신문사
월간 〈무지개세상〉 중국어번역 및 감수, 매일신문사
現 중국 湖北甘露书院(Hubei Amrita Academy) 원장

신나게 배우는 어린이 중국어
콰이러쉬에한위 ❻

초판발행 : 2022년 8월 10일

저자 : 권상기, 김명섭, 김예란, 이현숙, 왕지에, 저우자쑤
삽화 : 류은형
발행인 : 이기선
발행처 : 제이플러스
　　　　　서울시 마포구 월드컵로 31길 62
전화 : 영업부 02-332-8320 편집부 02-3142-2520
팩스 : 02-332-8321
홈페이지 : www.jplus114.com
등록번호 : 제10-1680호
등록일자 : 1998년 12월 9일
ISBN : 979-11-5601-191-0

1. 다음 그림과 가장 잘 어울리는 단어를 고르세요.

① 洗碗　② 倒垃圾　③ 洗衣服
④ 叠衣服　⑤ 打扫

2. 다음 대화의 빈칸에 들어갈 알맞은 말을 고르세요.

请问，你们是哪国人？

我们 ＿＿＿＿ 是中国人。

① 不是　② 都是　③ 只是　④ 多是　⑤ 就是

3. 다음 빈칸에 공통으로 들어갈 병음으로 알맞은 것을 고르세요.

比较 bǐji__　让 r__ng　小号 xiǎoh__

① a　② ā　③ á　④ ǎ　⑤ à

4. 다음 대화에서 B가 마음에 드는 옷과 크기는 어느 것인지 고르세요.

A：你来试试这件旗袍。Nǐ lái shìshi zhè jiàn qípáo.
B：款式我不喜欢。Kuǎnshì wǒ bù xǐhuan.
A：那这件怎么样？Nà zhè jiàn zěnmeyàng?
B：这件可以，我要大号的。Zhè jiàn kěyǐ, wǒ yào dàhào de.

① ② ③ ④ ⑤

5. 이래 그림을 보고 누구에게 시켜서 아래 동작을 하도록 할 때 쓰는 표현인 '让'을 사용하여 우리말 뜻에 알맞은 중국어 문장을 만드세요.

妈妈 māma	妹妹 mèimei	试一试衣服 shì yi shì yīfu
爸爸 bàba	我们 wǒmen	好好儿休息 hǎohāor xiūxi
医生 yīshēng	我 wǒ	读课文 dú kèwén
老师 lǎoshī	弟弟 dìdi	早点儿睡觉 zǎo diǎnr shuìjiào
店员 diànyuán	妈妈 māma	吃饭 chī fàn

정답과 해설은 낱장으로 빼서 선생님께 먼저 검사 받게 했다. →

종합 실력 진단은?

참 잘했어요　17개 이상~20개 이하
잘했어요　13개 이상~16개 이하
노력하세요　12개 이하

이름:
맞은 개수:

6. 다음 대화에 들어갈 알맞은 단어를 고르세요.

小华：学校门口＿＿＿了一家书店。
小韩：放学后我们一起去看看，好吗？

① 新开　② 开门　③ 发现　④ 开开　⑤ 新买

7. 다음 글을 읽고 글의 내용을 바르게 설명한 것은 어느 것인지 찾아보세요.

国庆节小韩全家去北京旅游了。我问他印象最深的是什么。他说是万里长城。小韩还说长城比想象还高。

a. 샤오한은 친구와 여행을 갔다.
b. 샤오한은 국경절에 여행을 갔다.
c. 샤오한이 여행한 곳은 베이징이다.
d. 샤오한이 가장 인상 깊은 곳은 만리장성이다.
e. 샤오한은 만리장성을 매우 길고 낮다고 생각한다.

① a, b　② b, c, e　③ b, c, d　④ a, b, c, d　⑤ b, c, d, e

8. 다음 단어를 바르게 배열하여 문장을 만들어 보세요.

冷　今天　比　吗？　昨天

오늘은 "어제보다 춥니?"

→

9. 간체자와 병음을 연결하고 뜻을 쓰세요.

(1) 印象　•　　• fānyì　→
(2) 翻译　•　　• héshì　→
(3) 合适　•　　• yìnxiàng　→

10. 다음에서 설명하는 사람은 누구인지 이래 그림에서 찾아보세요.

성별	男生 nánshēng
키	矮矮 ǎi'ǎi
옷 종류	牛仔裤 niúzǎikù
옷 색깔	蓝色 lánsè
옷 크기	小号 xiǎohào

11. 다음 발음 기호를 이용하여 만들 수 <u>없는</u> 한자를 고르세요.

d	k
t	r

① 它 ② 看 ③ 去 ④ 灯 ⑤ 热

12. 다음 대화를 읽고 샤오한의 띠를 고르세요.

小华 : 你属什么?
Nǐ shǔ shénme?

小韩 : 我属虎。
Wǒ shǔ hǔ.

① ② ③ ④ ⑤

13. 퍼즐판에서 다음 한자의 뜻에 알맞은 발음을 찾아 ○하세요.

r	s	j	l	y	m	w
è	h	i	i	u	f	ǔ
n	ǔ	ǔ	ǎ	è	ā	l
n	a	d	à	i	q	c	ó
o	g	ē	n	i	i	n
t	è	b	é	i	g

带 (읍에) 지니다, 가지다

发财 부자가 되다

14. 다음 대화에서 샤오한이 새해 선물로 원하는 것을 고르세요.

妈妈 : 新年礼物文具怎么样?
小韩 : 文具不怎么样。
妈妈 : 乐高呢?
小韩 : 乐高还可以。

① ② ③ ④ ⑤

15. 밑줄 친 곳에 들어갈 말로 알맞은 것을 고르세요.

A : 今天是什么日子啊?
B : 今天是春节。
A : _____, 这么热闹!

① 还可以 ② 不是 ③ 不会 ④ 不怎么样 ⑤ 怪不得

16. 다음 단어에 알맞은 병음과 성조를 고르세요.

| 幸运 | ○xīngyùn ○xìngyùn |
| 好日子 | ○hǎo rìzi ○hào rìzi |

17. 밑줄 친 곳에 들어갈 수 있는 단어 중에서 가장 어울리는 것을 찾아보세요.

小韩的生日是9月8号。我还以为是7号呢。
我告诉小韩'98'与'就发'的发音一样。
在中国有'_____'的意思。
小韩觉得自己很幸运。

① 健康 ② 长长久久 ③ 拜拜 ④ 发财 ⑤ 我爱你

18. 다음 빈칸에 '~하고 있다', '~하고 있는 중이다'라는 단어를 쓰세요.

A : 小韩, 一起去踢球, 好吗?
B : 不行, 我_____写作业呢。
A : 你去看医生吧。

답 :

19. 대화의 내용으로 보아 빈칸에 들어갈 말로 가장 알맞은 것을 고르세요.

A : E-Mart中文怎么说?
B : 易买得。
A : _____?
B : 很容易买东西而得到东西。

① 什么意思?
② 不喜欢吗?
③ 印象最深的是什么?
④ 这件衣服怎么样?
⑤ 你正在说什么?

20. 다음 두 사람의 대화와 관계있는 그림을 고르세요.

A : 你会拉二胡吗?
B : 我正在学呢。
A : 有意思吗?
B : 挺有意思。

① ② ③ ④ ⑤

* 주사위에 다음 글자를 오려 붙여서 사용합니다.
  또는 동전 양면에 **是/不是**를 붙여서 사용해도 됩니다.

不是	不是	不是	不是	不是	是

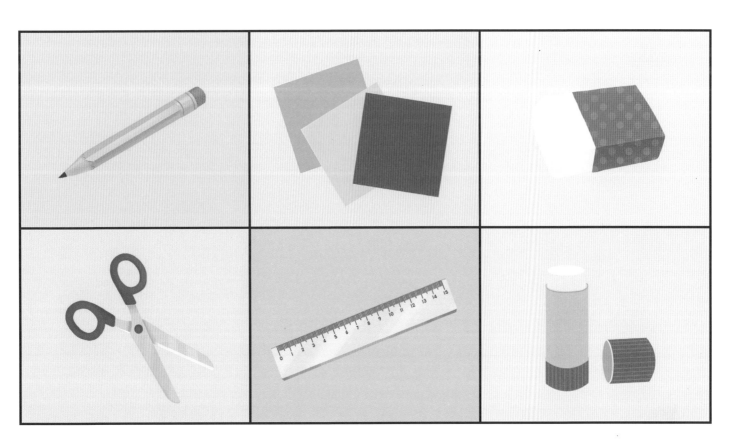

橡皮 xiàngpí	彩纸 cǎizhǐ	铅笔 qiānbǐ
胶水 jiāoshuǐ	尺子 chǐzi	剪刀 jiǎndāo

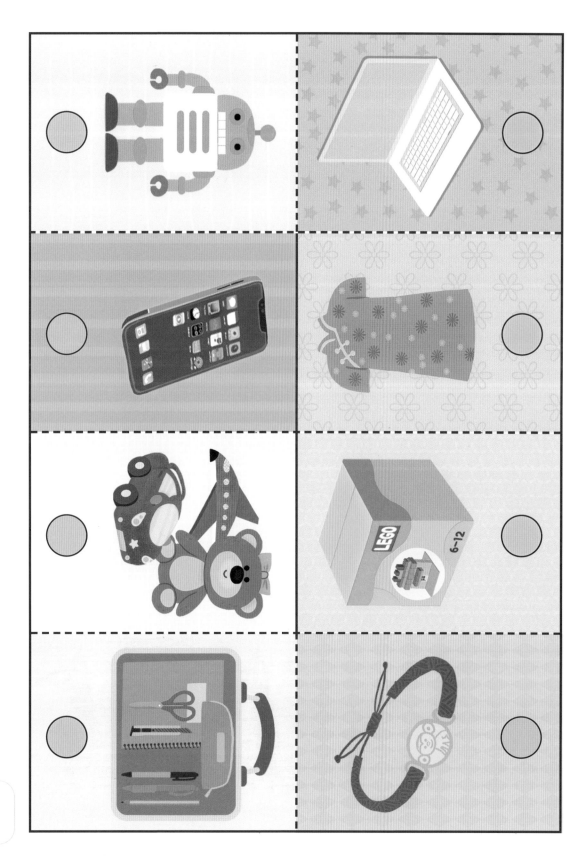

접는 선

자르는 선

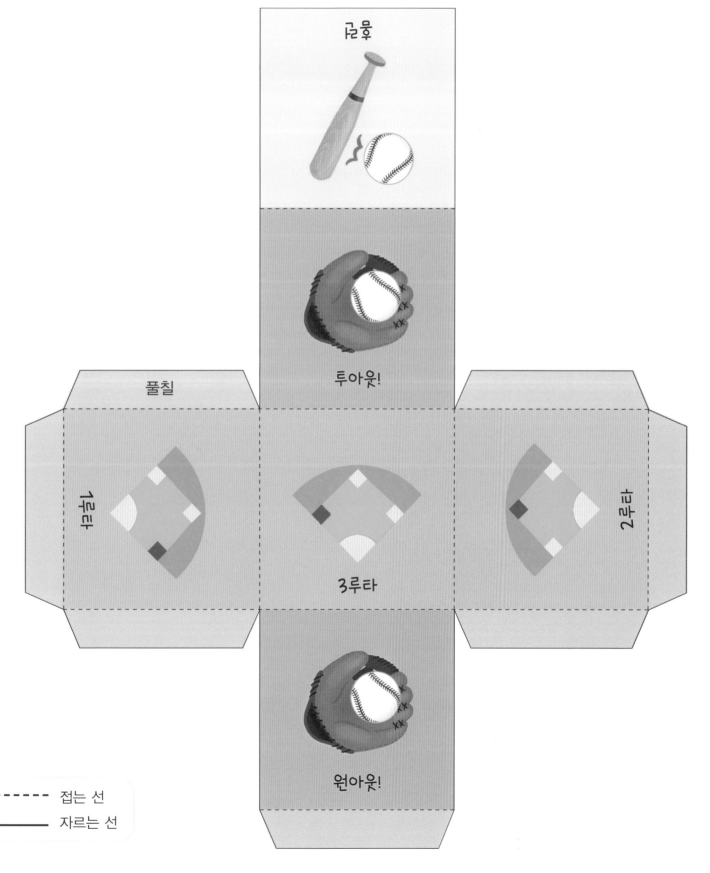

접는 선 ------

자르는 선 ——

Unit 1

这么

Unit 1

做饭

Unit 1

先

Unit 1

下班

Unit 1

好吃

Unit 1

外面

Unit 1

家务

Unit 1

打扫

zuò fàn	zhème
밥을 하다	이렇게
xià bān	xiān
퇴근하다	먼저
wàimian	hǎochī
밖	맛이 좋다
dǎsǎo	jiāwù
청소하다	집안일

Unit ❷

让

Unit ❷

旗袍

Unit ❷

小号

Unit ❷

比较

Unit ❷

合适

Unit ❷

桃红色

Unit ❷

款式

Unit ❷

换

qípáo

치파오

ràng

~하게 하다

bǐjiào

비교적, 상대적으로

xiǎohào

작은 사이즈

táohóngsè

복숭아색

héshì

알맞다, 적당하다

huàn

교환하다, 바꾸다

kuǎnshì

스타일, 디자인

Unit ③

新开

Unit ③

容易

Unit ③

东西

Unit ③

得到

Unit ③

翻译

Unit ③

有趣

Unit ③

韩文

Unit ③

手机

róngyì 쉽다	**xīn kāi** 새로 생기다
dédào 얻다, 손에 넣다	**dōngxi** 물건
yǒuqù 재미있다	**fānyì** 번역
shǒujī 핸드폰	**Hánwén** 한글, 한국어

Unit 4

印象

Unit 4

全家

Unit 4

觉得

Unit 4

比

Unit 4

想象

Unit 4

还

Unit 4

深

Unit 4

上个月

quánjiā

온 가족

yìnxiàng

인상, 느낌

bǐ

~보다

juéde

~라고 느끼다(생각하다)

hái

더

xiǎngxiàng

상상하다

shàng ge yuè

지난달

shēn

깊다

Unit 5

根

Unit 5

手链

Unit 5

不怎么样

Unit 5

带

Unit 5

本命年

Unit 5

戴

Unit 5

大小

Unit 5

还行

shǒuliàn

팔찌

gēn

개, 가닥

dài

(몸에) 지니다, 가지다

bù zěnmeyàng

그리 좋지 않다,
별로이다

dài

(팔, 팔목 등에)
차다, 끼다

běnmìngnián

자신의 띠가 돌아오는 해

háixíng

(그런대로)괜찮다

dàxiǎo

크기

Unit 6

嘛

Unit 6

舞龙

Unit 6

表演

Unit 6

花灯

Unit 6

怪不得

Unit 6

热闹

Unit 6

俩

Unit 6

汤圆

wǔlóng	ma
용춤	뚜렷한 사실을 강조할 때
huādēng	biǎoyǎn
등불, 초롱	공연하다
rènao	guàibude
시끌벅적하다, 떠들썩하다	어쩐지
tāngyuán	liǎ
탕위안(음식 이름)	두 사람, 두 개

Unit 7

好日子

Unit 7

特别

Unit 7

发财

Unit 7

意思

Unit 7

原来

Unit 7

幸运

Unit 7

含义

Unit 7

代表

tèbié 특별하다	**hǎo rìzi** 길일, 좋은 날
yìsi 의미, 뜻	**fā cái** 부자가 되다
xìngyùn 운이 좋다, 행운이다	**yuánlái** 알고 보니, 원래
dàibiǎo 대표하다, 나타내다	**hányì** (글자 · 단어 · 말 등에) 담겨진 의미

Unit ⑧

乐器

Unit ⑧

二胡

Unit ⑧

它

Unit ⑧

弦

Unit ⑧

声音

Unit ⑧

拉

Unit ⑧

正在

Unit ⑧

剪纸

èrhú

얼후

yuèqì

악기

xián

줄, 선, 현

tā

그것

lā

연주하다

shēngyīn

소리

jiǎnzhǐ

종이를 오리다

zhèngzài

지금 ~하고 있다